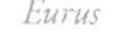

Notus

読み書きの日本史

八鍬友広
Tomohiro Yakuwa

Boreas

岩波新書
1978

はじめに

私たちは日々、本や新聞やあるいはウェブ上に掲載される種々の記事を読み、また電子メールやさまざまな文書を作成している。生涯にわたり、私たちが読みまた書く文字の量はいったいどれぐらいになるだろうか。たぶんそれは、数えることが不可能なほど夥しいだろう。文字は、いつも私たちの身近にあり、日々の生活にとってなくてはならないものとなっているのである。

文字の読み書きという、いま私たちがおこなっているこの実践は、果たしてこの先どうなっていくのだろうか。

こんなことを書くと、いったいなにを言っているのかと思われる人もいるかもしれない。どうにもなるはずがない、これからもずっと、これまでと同じように続いていくに決まっている。そう思われる方もおられるかもしれない。しかし本当にそうであろうか。

人間のおこなっているあらゆる実践と同じように、歴史的にみれば読み書きもまた常に変転してやまないものであった。比較的平準化した仕方で読み書きがなされるようになった今日においても、それは同じである。いやむしろ、コンピュータをはじめとする電子媒体の普及や、音声出入力システムの開発によって、いまこそそれは激しく揺さぶられているというべきかもしれない。

ところで、読み書き能力(識字能力)のことを、英語ではliteracyという。これはそのまま「リテラシー」という、いわゆるカタカナ語となり、日本語としても定着しつつある。もともとは識字能力と同義であったこのリテラシーは、近年、大幅に意味内容を拡張している。情報リテラシーなどというのは、その典型といえよう。誰もがインターネットをはじめとする情報源にアクセスし、その内容を批判的に取捨選択する能力を身につけているべきだ、というのが情報リテラシーの意味するところである。同じような使い方はほかにもいろいろとある。地図リテラシー、数学的リテラシー、科学的リテラシー、セクシャル・リテラシー、メディカル・リテラシーなどなどである。このように、リテラシーは際限なく拡張しつつある概念となっている。

これらは、なぜリテラシーと呼ばれるのだろう。明らかなのは、リテラシーという言葉が使われた途端、そこでいわれている事柄について知らないことが、なにか引け目のように感じられてくるということである。「そんなことも知らないの?」、というかわりに「それって、もはやリテラシーでしょう」とか、「リテラシーが低いね」などといったりする場合もある。本来そんなことは誰もが知っているはず、あるいは知っているべきだ、ということを強調するうえで、この語を使用するのが効果的だということである。

では、なぜリテラシーという語がこのような意味合いで用いられるようになったのであろうか。

その鍵は、リテラシーのもともとの意味が「文字の読み書き能力」であるということと無関係ではないと思われる。文字の読み書きなら、誰でもできるはず、それと同じように、たとえばコンピュータを使いウェブにアクセスして情報を取ってくるといったことは、誰もができなくてはならない、そんなニュアンスである。

以上から明らかなように、ここでは文字の読み書きが、誰もが身につけている技能の代表選手のようなものとみなされている。これはじつに驚くべきことである。そうではないだろうか。はて？とあるいは思われるかもしれない。そんなに驚くべきことだろうかと。もしそうだとすれば、真に驚くべきはむしろそのことであるのかもしれない。すなわち、読み書きというものがあまりにもあたりまえとなった結果、もはや誰もそれを驚くべきこととさえ思わなくなった、ということである。

たとえば、である。ある国の住民のほとんど全員が、楽譜を読みピアノを弾くことができる、などと聞けばどうだろう。たいていの人が驚くに違いない。そんなはずはないと、かえって疑いの目を差し向けるかもしれない。しかし、ある国のほとんどの住民が文字の読み書きができる、といってみたところで、いまさら驚く人はあまりいないだろう。つまり、それほどまでに文字の読み書きは普通のこととなっている。だからこそ、識字能力を原義とする「リテラシー」の語が、誰もが習得しておくべき知識・技能一般を指す言葉として使用されるようになってきたのである。

しかし、読み書きがこれほどまでに普及したということは、本来もっと驚かれてよいことだと思われる。本書を読んでおられる方をはじめとして、普段から読み書きを実践している人は、読み書きという行為があまりにも日常的になっているために、ともすれば、話したり聞いたりするのと同じぐらいに、それが自然なものであると感じられる場合もあるかもしれない。しかし、話し言葉(言語)と書き言葉(文字の読み書き)とは、根本的に異なるものなのである。

話し言葉(言語)の獲得には、通常、学校に通ったり特別な訓練をしたりということを必要としない。学校などができるはるか前から、人間は言葉を話して生きてきた。人間にとって言語能力は生得的であるとさえ考えられているのである(ノーム・チョムスキー『言語の科学』)。

文字の読み書きは、まったく異なる。それはなんら生得的な能力ではなく、長年にわたる習練の結果によってはじめて獲得されるものである。しかもしばらく使っていなければ、あっという間に忘却されていく。実際のところ、読めるけれど書けない漢字はざらにあるのではないだろうか。よく言われることかもしれないが、「躊躇」などという文字を、たとえ読めたとしても、書くとなればそれこそ誰もが躊躇するに違いない。

その意味で、読み書きは、あえていえばむしろピアノを弾くことと似ているかもしれない。人は、長年にわたるレッスンの末にようやく楽譜を読み、一定の仕方で指を動かしピアノを弾くことができるようになる。日々の習練を怠れば、たちまちその能力は劣化していく。じつにそれは読み書きと似ている。日本で文字の書き方を習うことは「手習(てならい)」と呼ばれてきた。読み書きもまた(とくに漢字の読み書きの場合には)、一定の仕方で手を動かし、繰り返し同じ記号を書き、またそれを読むということによって成立している。使用せずにいればたちまち劣化することも同じである。しかしピアノを弾く技能が住民のごく一部にしか普及していない(たぶん)のに対して、読み書きはほとんどの住民に普及している。いまだ途上にあるとはいえ、地球上のすべての人が読み書きできるようになること、それが目指されているのである。どうだろう。やはり驚くべきことではないだろうか。

いまではそれは、あたりまえのように受けとめられているわけであるが、じつのところ、日本の歴史に即してみても、そのような状況に至って一世紀にも満たないだろうと思われる。決して盤石でも安定的でもなく、むしろつい最近の出来事といったほうがよいくらいである。

ついでに言うならば、文字そのものも、比較的短い歴史しか有していない。絵や図、あるいはさまざまな造形などの痕跡は七万五〇〇〇年前まで遡ることができるが(三井誠『人類進化の700万年』)、文字はせいぜい五〇〇〇年ほどの歴史しか有していない(アンドルー・ロビンソン『文字の起源と歴史』)。そしてそれがほとんどの住民に普及するようになったのは、前述のとおりごく最近のことである。

さて、本書では、この読み書きという実践が日本においてどのように推移してきたのかについて述べてみたいと思う。その際、できるかぎり読み書きというものの社会的広がりに留意しながら、歴史を考察してみたい。本書のタイトルは『読み書きの日本史』であるが、先にも述べたように、大半の人が読み書きをするなどといった状況は最近の出来事にすぎない。したがって、日本の歴史全体を見わたすならば、読み書きの歴史よりも、むしろ読み書きをせざる歴史のほうが圧倒的であろう。読み書きのみに光をあてて歴史を書くならば（そして歴史というものの多くがこのようにして書かれているのではあるが）、読み書きをせざる世界が捨象されてしまうこととなるのである。本書も、『読み書きの日本史』である以上、このような性格を免れることはできないが、読み書きの広がりに留意することにより、そこから、かえって、読み書きの世界の持つ限定性についても、一定のイメージが提供できればと考えている。

また、人々を読み書きの世界へと接続する仕方についても着目してみたいと思う。今日的な言葉で言えば、それは教科書であり、それを使ってなされる教育のことである。前述のとおり、読み書きの習得には、長期にわたる習練が必要なのであり、それを経て、読み書きの世界へと人々は参画していく。しかしながら、人々が読み書きの世界へとアクセスする道筋となるこの習練の在り方は、時代によって大きく異なるものであった。それは、単に教育の方法が異なるなどというレベルではなく、書き言葉の世界そのものの在り方や、それを成り立たせている社会的な背景とも深く関係する。読み書きという実践を、このような社会的な関係のなかでとらえてみたいと思うのである。

以上の点を念頭におきながら、日本における読み書きという実践の歴史的変遷について考察していこう。

目次

第一章　日本における書き言葉の成立

文字以前

漢字が入ってくる以前、日本に文字はなかった。言うまでもないことだが、文字がなかったからといって、言葉がなかったわけではない。さまざまに変容しつつ現在にまで継承されている、「日本語」と呼ばれる言葉が、漢字移入以前から存在し、列島に住む人々によって話されていた。

「エスノローグ」(Ethnologue: Languages of the World)というウェブサイトには、世界で話されている言語についてのデータが掲載されている。それによれば、二〇二二年時点で、七一五一種類の言語が確認されているという。日本語もまた、これらの言語のひとつにほかならない。

人類が有しているこれらのきわめて多数の言語にあって、日本語はどんなポジションを占めるのであろう。じつは、日本語がどのような言語的な系譜に属し、またいかにして形成されたのか、これまで、いくつもの説が唱えられてきたが、最近に至るまで決定的な解明を欠いてきたのである。その結果、日本語の系統論そのものが下火となり、新しい研究手法の開発を待つよりほかにない、とさえ言われるようになった(長田俊樹「日本語系統論はなぜはやらなくなったのか」)。

二〇二一年になって、事態は一変する。日本語の起源を解明したとされる研究が発表され、大きなニュースとなったのである。言語学・考古学・遺伝学の三つの手法を融合してなされた研究成果が、自然科学系の学術誌として著名な『ネイチャー』に掲載された。"Triangulation supports agricultural spread of the Transeurasian languages" と題する論文であり、ドイツのマックス・プランク人類史科学研究所を中心とする国際研究チームが取り組んだ研究成果であった。日本語にすれば、「三角測量によるトランスユーラシア語の農業拡散の立証」というものである。ここで三角測量とは、先に述べた言語学・考古学・遺伝学の三つの手法を融合した研究を比喩的に示したものであり、トランスユーラシア語とは、日本語を含む言語の祖語となるものである。

論文によれば、トランスユーラシア語は、日本語、韓国・朝鮮語、ツングース語、モンゴル語、テュルク語など、ユーラシア大陸を横切るように展開しており、九八の言語からなる。このトランスユーラシア語の起源は、およそ九〇〇〇年前の西遼河地域(現在の中国東北部)に居住していたキビ・アワ農耕民にまで遡ることができる。キビ・アワ農業は米や麦などの農業と異なり粗放性が強く、人口増を吸収できなかったため、居住地を拡大する傾向があった。七〇〇〇年前頃に人口が増大すると、人口の拡散が始まり、サブグループへと分裂していった。この結果、トランスユーラシア語は、ツングース語・モンゴル語・テュルク語などのアルタイ語系と、韓国・朝鮮および日本語の系統へと分離していった。三三〇〇年前頃になると、朝鮮半島に移住していたトランスユーラシア語族に、遼東・山東地域から、米や麦などを栽培する農耕民が加わり、米農業をもたらした。この農業は三〇〇〇年前頃から日本列島に伝わり、縄文から弥生への転換、および日本語への言語的転換を引き起こしたとされる。こうして、現在私たちが話している日本語の祖語となる言語が確立したというのである。

以上のように、日本語の起源が明らかになるまでには随分長い時間を要した。考古学や遺伝学などの、まさに新しい研究手法により、ようやくその一端が解明されたばかりなのである。

文字の借用

日本の場合に限らず、ある地域の書き言葉が、他の地域で先行的に確立している文字を借りて形成されるということは、珍しくないようである。むしろこのような「借用」こそは、文字の普及の基本的な様態でもあった(スティーヴン・ロジャー・フィッシャー『文字の歴史』)。したがって、漢字を移入しておこなわれた日本語の文字化も、このような借用のひとつであり、それ自体はなんら珍しいものではないといえよう。

それどころかフィッシャーは、後に日本が移入することになる漢字さえも、他地域からの借用によって形成された文字だと考えているようである。そしてこのような壮大な借用の体系の起源となっているのが、同氏によれば、人類が最初に作り出した「完全な文字」であるところの、古代メソポタミアのシュメール文字であった。

ここでいう「完全な文字」とは、単なる絵や図と異なり、意思の伝達を目的として、紙などのような耐久性のある素材の表面に書かれた、分節言語(有意味な音声の系統的配列)と関係のある記号のことである(同書一三頁)。

絵や図から完全な文字への飛躍は、「判じ絵」の原理によってなされたと考えられている。たとえばそれは、ミツバチ(bee)の絵に葉っぱ(leaf)の絵を添えて「信念」(belief)という概念的な言葉を表記するといった仕方のことである(同書七頁)。フィッシャーは、こうした完全な文字という発想は、人類史上、古代メソポタミアのシュメール人のみが成し遂げたものであり、地球上のすべての文字は、その派生物であるという(同書四一頁)。これによれば、漢字を含むすべての文字が、シュメール文字を出発点として、なんらかのかたちで「借用」を繰り返すことによって普及したものだということになる。

以上のような見方の当否については、もちろん、今後も論争の対象となるだろう。しかし、借用ということが、文字普及のもっとも重要な形式であったのは動かしがたいようである。したがって、日本が漢字を移入して文字体系を作り出したことも、なんら異例ではなく、世界のさまざまな文字の形成方法のなかにあってむしろ通常のことであったと考えなければならない。

日本語と漢字

他地域の文字を借用して自地域の文字システムを構築することがなんら異例ではなかったとはいえ、いわば外国語に由来する文字の体系を、それとは異なる言語に移植するに際しては当然、種々の困難をともなうこととなる。中国語に由来する漢字を移入するにあたっては、ヨーロッパなどの場合とは異なる事情もあったといわれる。ヨーロッパの多くの言語が同じ系統の印欧語に属しているのに対し、中国語は、日本を含む中国近隣の民族の言語とは大きく異なるものであったということである(金文京『漢文と東アジア』)。

具体的には、中国語は、ひとつの音節がひとつの意味をあらわす単音節語であり、語形変化がなく、おもに語順によって意味をあらわすのに対し、日本語は複音節語であり、「てにをは」などの助辞を使って文を構成する(同書一五頁)。また日本語では普通、目的語は動詞の前に置かれるのに対し、中国語では動詞の後に置かれるなど、語順も異なっている(同書一頁)。

かつての言語類型論では、日本語が膠着語(こうちゃくご)であるのに対して、中国語は孤立語であるなどともいわれ、両者はまったく異なる言語類型に属するとみなされてきた。今日では、言語の類型をこのように単純にとらえることはできないと考えられている(『言語学大辞典 第二巻』一五七七頁)。しかし、日本語と中国語が相当に異なる言語であることは確かだろう。

膠着というのは、日本語の用言(動詞・形容詞・形容動詞)において、語幹に接頭辞や接尾辞があたかも膠(にかわ)で付けられたように付着することをいう(『言語学大辞典 第六巻』四九五頁)。これに対して中国語の場合には、語はなんらの語形変化をせず、また日本語のような接辞もともなわない。語は他の語との関係を示されないまま配列されており、互いに孤立しているといわれる(同書四九四頁)。したがって、外国語としての漢字を使用して日本語を表現するには、語順の変換に加えて、「てにをは」や、種々の接辞を補うことが不可欠となるわけである。

このように、日本語と中国語では言語の構造が相当に異なっている。しかし日本はこの構造の異なる中国語から漢字を借用して、自らの書き言葉のシステムを構築した。その後、漢字を基にして創出された表音文字である平仮名や片仮名などとともに、現在、私たちはなんの違和感もなく母語としての日本語を漢字仮名交じり文として使用している。漢字をこれほどまでに自家薬籠中のものとした国は他にはないともいわれている。この結果、日本語のもともとの構造とは異なる、つまり中国語的な語順の多くの語彙をも、違和感なく日本語として受け入れて使用するに至っているのである。よく見わたしてみれば、目的語が動詞の後に置かれた言葉を、私たちは日常的に使用している。営業、減速、就職、失業、掃海、倒産、拝金、廃業、養蜂など、例はいくらでも挙げることができるだろう。

この点で、金文京が紹介している「券売機」の話は興味深い。駅に設置された自動券売機のことである。ご存知のとおり、この券売機で切符を買うと、「ただいま発券中です」などという人工的なアナウンスの声が発せられる。このとき、券売機の「券売」は、「券を売る」という、本来の日本語の語順で作られている言葉であるが、その機械が「発券」するというのは、「発する券を」という逆の語順となっている。「券売」と同じ語順に従えば「発券」ではなく「券発」とならなければならない(『漢文と東アジア』一頁)。つまり、日本語の語順と中国語による語順とが、すぐには見分けがつかないほどに交じりあって、私たちの生活になじんでいるのである。漢字の借用は、書き言葉の世界だけでなく、こうして私たちの話し言葉の世界に対しても甚大な影響を与えてきたのである。

漢字の移入

では、漢字はどのようにして日本に移入されてきたのだろうか。その過程について、沖森卓也は、漢字が有している「字形」「字音」「字義」という三つの側面に着目しながら、次のように整理している(沖森卓也「漢文の受容と訓読」)。

第一段階は、漢字の「形」が受容される段階である。志賀島(しかのしま)で発見されたとされる有名な「金印」をはじめとする大陸伝来の金石文（きんせきぶん）や、土器などに刻書・墨書された文字がそれにあたる。考古学的発掘により、二世紀から四世紀頃の遺跡から、漢字を記したさまざまな事物が発見されている。大城（だいしろ）遺跡出土土器（三重県津市：二世紀中頃）、三雲（みくも）・井原（いわら）遺跡出土甕（福岡県糸島市：三世紀中頃）、根塚（ねつか）遺跡出土土器（長野県下高井郡木島平村：三世紀後半）、柳町（やなぎまち）遺跡出土木製短甲留具墨書（熊本県玉名市：四世紀初頭）、片部（かたべ）遺跡出土土器（三重県松阪市：四世紀前半）などである（沖森卓也『日本語の誕生』）。これらの出土品において見出された文字は、「奉」「竟」「田」などの一文字であり、文字として認識されていたかどうかも定かではない。むしろ一種の模様のようなものとして意識されていたと考えられている。しかしながら、この時期の列島の各地に、漢字の「字形」が広がりつつあったのは確かである。

　第二段階は、漢文の書き方そのものをそっくり模倣する段階である。伝達内容を漢文（純漢文）で記し、日本語の固有名詞は音訳するというものである（「漢文の受容と訓読」一六九頁）。稲荷山（いなりやま）古墳鉄剣銘（埼玉県行田市：五世紀後半）がその代表例である。一一五字からなる漢文であるが、このなかには日本の人名・地名を漢字で記した表記が含まれている。乎獲居（ヲワケ）、意富比垝（オホヒコ）、多加利足尼（タカリスクネ）など、漢字の音を借りて日本の固有な語を表すわけである。このような用法は日本では万葉仮名と呼ばれているが、音訳自体は中国においてすでに存在していた用法だという。したがって、漢字による音訳という用法自体を移入したことになろう。以上から、沖森は、日本語の音節表記に用いる「音」のレベルでの移入を第二段階としているのである。

形、音に続く、漢字移入の第三段階は、義の受容である。漢字の「字義」に対応させて、他の言語の(日本の場合には日本語の)単語をそれにあてる「訓」といわれるものである。このような訓の日本における現存最古の使用例は、六世紀中葉の岡田山一号墳鉄刀銘(島根県松江市)にみえる「各田マ臣」という文字だとされる。これは「額田部臣」の省略表記であり、その訓は「ヌカタベノオミ」となる。人物の固有名詞を表すに際して、漢字の音ではなく、「額」「田」「部」などの字義によって漢字をあてたものである(『日本語の誕生』)。

沖森は、漢字の受容は、この第三段階で一応完結したとみることができよう、としている(「漢文の受容と訓読」一七〇頁)。

要するに、単なる記号として漢字の形が移入される段階に始まり、漢文の一部に漢字の音を借りて日本語を表す語を混入させる段階、さらには漢字の意味を用いて日本語を表記する「訓」を混入させる段階を経て、漢字が日本に移入されてきたのである。

漢文訓読

以上のような三つの段階を経て、日本は漢字を移入したわけであるが、いうまでもなく、移入されたもともとの文章は漢文であり、当初それは外国語そのものであった。沖森卓也は、漢文の読み書きができる渡来人は、すでに四世紀以前から日本列島にいたに違いないとしながら、しかしそれはあくまでも中国語を使うということだったとしている（沖森卓也『日本語全史』二五頁）。たとえるなら、現在のわれわれが英語の文章を見て英語でそれを読むのと同じであった。もしその状況が続いていったとしたら、外国語としての中国語を受容し、次第に中国語を読み書き話すことになったであろう。しかし実際にはそうならなかった。漢文訓読という方法で読まれるようになっていくのである。

漢文訓読は、中等学校で漢文を教えられている日本人にはなじみのある読解法であろう。転倒して読むべき箇所にレ点や一、二点などの返り点を打ち、日本語の語順で読めるようにする方法である。かつては、ヲコト点というものもあった。漢字の周辺や真ん中などに点を打ち、その場所により「ヲ」「コト」などと読ませるものである。また漢字そのものも日本語の意味にしたがって読み、助辞や動詞の変化を示すために送り仮名も付される。これらの工夫により、語順を日本語に接近させつつ、漢字にはない言葉をも補って、日本語のように読む方法が漢文訓読である。

漢文訓読のためにつけられるこれらの符号は、訓点（くんてん）と呼ばれている。かつて訓点は日本で開発されたものと考えられていたが、角筆（かくひつ）に関する研究によって、朝鮮半島との交流に由来する可能性が指摘されている（小林芳規『角筆のひらく文化史』）。角筆とは、先のとがった棒のようなものであり、墨をつけずにその先端を押しつけることで、紙の表面にへこみをつける。これらのへこみは、紙を斜めにするなどにより光の加減を調整してようやく見えるようなものであった。こうして、文献に墨などをつけずに必要な符号を施していたのである。

なお、上述の音訳と同様、語順を転倒させる方法も、中国でおこなわれていた。中国では、インド仏典を漢訳する際、梵語(サンスクリット)の個々の単語を中国語に訳したあと、それらを中国語の語順にしたがって入れ替えていた。梵語は中国語と異なり、目的語は動詞の前に置かれることが多かったため、順序を入れ替える必要があった。これを「廻文」という。ちなみにこの漢訳仏典が日本に入ってきたときには、漢文訓読により再び語順を転倒して読むこととなる。梵語の語順は日本語に近いものであったが、これを中国語の語順に並べ替えたものを再度転倒して読んでいたわけである。金文京は、日本の漢文訓読も、このような中国における仏典漢訳のプロセスと密接な関係があったのではないかと述べている(『漢文と東アジア』)。

金は、「外国語の文章に記号をつけて順序を入れ替え、自国語に直して読むことは、少なくとも現在の世界では、日本の漢文訓読以外に例がないであろう」としている(同書一三頁)。日本の学校教育を受けた者は、中等学校で漢文を学んでいるので、漢文訓読がことさらに奇妙な読解法であるとは思わないだろう。しかし金がいうように、これを外国語の読解法としてみれば、確かに奇妙な方法と思われる。たとえばいま、"I play piano."という英文があったとしよう。われわれは普通これを、「アイプレイピアノ」などのように発音し、「私はピアノを弾く」などのように理解する。しかし漢文訓読法では、英語による発音はわからないまま、playとpianoの間にレ点を打ち、いきなり「我、洋琴を奏す」などと読むわけである。このような読解法で英語の著作を一冊読もうとしたら、どれだけ困難であろうか。もちろん、漢字は表語文字であるのに対しアルファベットは表音文字であるから、このたとえは必ずしも適切とはいえないだろう。しかし、漢文訓読法の奇妙さは実感できるように思われる。なお金によれば、明治期の日本では、実際、英語教科書に漢文訓読法を応用したものが多数あったという(同書八一頁)。漢文訓読は、こうして現在にまで継承されているのである。

変体漢文

漢文訓読がいかに普及しても、元となっている文章は中国語であるから、日本語話者にとって読解が困難であったことはいうまでもない。そこで、より日本語に近接した文体へと変容していくこととなる。そうした変容を重ねるなかで、漢文は次第に和文へと接近していった。

矢田勉は、このような日本的書記様式の開発として、漢字の表意性をそのまま使用しつつ日本語に応じた変化を与える漢文の和化と、漢字の表意性を捨象した万葉仮名という二つの方途が生じたと指摘している(矢田勉『国語文字・表記史の研究』)。

このうち、前者の和化された文体は、変体漢文と呼ばれている。語順を日本語風に替え、中国語にない助辞や活用語尾を加えたものであり、和化漢文、和習漢文などと呼ばれる場合もある。他方、これを漢文とはせず、「漢式和文」のように、基本的に和文と呼ぶべきであるとする見解もある（山口仲美『日本語の歴史』）。漢文の破格の程度により、いまだ漢文に近いものから、もはや和文というべきものまで、さまざまなバリエーションの文体が生み出されていったのである。

金文京は、模範的な漢文（正格漢文）からの逸脱および変則が生じる理由によって、変体漢文を以下の四つに分類している（『漢文と東アジア』一九二頁）。

①未熟漢文：漢文の語法に習熟していない者が誤って書いたもの。
②和習・和臭漢文：未熟漢文のうち、誤りのなかに母語の語法や語彙が無意識に反映されたもの。
③変体漢文・擬漢文：意識的な破格による文体。破格が語順の入れ替えにとどまりなお漢文の体裁を保っているもの、および自国語の助辞や活用語尾の漢字表記を加えて自国語で読むようになったもの。
④自国文字表記・漢字混用文：漢字を表音的に用いて自国語を記述した文体。もはや漢文とはいえないが、漢文と無縁ではない。

以上のように、一口に変体漢文といっても、漢文のごく一部に破格があらわれるものから、もはや和文というべきものに至るまで、種々のバリエーションがあったが、いずれにしても話し言葉と一致する完全な和文には至らず、漢文的な性格を長く保持し続けることとなる。これはいったいなぜなのだろう。一般にこれは、漢字・漢文を正統とみなす心性が日本社会のなかに存在し続けたことを示すものとみられているが、矢田は、変体漢文が漢文性をとどめるがゆえに有している音声言語との距離に、かえって書記言語としての通用性を見出している。

つまりはこういうことである。変体漢文は、中国語にほかならない漢文を基礎にして創出されたため、はじめから日本語の音声言語とは異なる方式で表記されたものだった。他方、音声言語のほうは、時代によって変容してやまないものであり、また地域的偏差も大きかった。音声言語に直接対応した表記法をとれば、このような音声言語の変容により、かえって後の時代の人にとってわかりにくいものになる。現代の私たちが、古文を理解するのが難しいのは、このためである。一方、変体漢文とはいえ、漢文性が保たれていれば、音声言語の変容にかかわらず、少なくともある程度の漢文素養のある人々には、時代や地域を超えて通用するものとなる、というのである(『国語文字・表記史の研究』)。

宣命体

宣命体(せんみょうたい)といわれるものも、和文化の有力な方法であった。宣命体とは、「ほぼ日本語の語順に従って漢字だけで書かれたもので、名詞や活用する語の語幹など実質的要素は大字で、活用する語の語尾や助詞・助動詞など形式的要素は小字で書き分けるという表記様式」(沖森卓也『日本語の誕生』

一二〇頁)である。

宣命とは、天皇の発する命令である詔書のことであり、この宣命において典型的に確認し得る文体が宣命体であった。厳密には、付属語も大字で記す「宣命大書体」と、付属語を小字に記す「宣命小書体」の二種類があるが、後者は、日本語話者にとってより一層読みやすく工夫されたものであった。宣命は宣命使が実際に読み上げて伝えるための文書であったから、このような工夫も必然であったとされている(同書一四七頁)。

春名宏昭によれば、宣命とは天皇が口頭で伝達するものであり本来は文字化されていなかったという。それが文字化されるのは、宣命使のために控え原稿を作成するためであり、この点で、漢文で記されるその他の詔書と異なっているとする。このように宣命を記す表記法として工夫されたものが、その有用性が認められて、種々の文書に広く用いられていったとしている(春名宏昭「宣命体」)。

つまり宣命体とは、日本語の話し言葉により近接した文体として開発されたものであり、変体漢文に比しても、さらに和文化の度合が進んだものと言えよう。

万葉仮名と仮名

万葉仮名は、漢字を用いた和文表記を画期的に進展させるものであった。仮名と呼ばれているが、実際には漢字で記される。たとえば次のようなものであった。

余能奈可波牟奈之伎母乃等志流等伎子伊与余麻須万須加奈之可利家理

これは、大伴旅人（おおとものたびと）が神亀五年（七二八）に詠んだ「世の中はむなしきものと知る時しいよよますます悲しかりけり」という歌を万葉仮名で記したものである。みられるとおり、すべて漢字で、日本語の一音節にひとつの漢字をあてた表記法である。大伴旅人のこの歌は、『万葉集』のなかで製作年代の確定するもっとも古いものとされている（沖森卓也『日本語の誕生』一八〇頁）。

万葉仮名といっても、こうした表記法が『万葉集』のみで使われるわけではなく、また『万葉集』がすべてこのような一音一字で記されているわけではない。また、すでに述べたようにそもそもこのような表記法自体、音訳として中国でもおこなわれていたものであり、たとえば梵語のnaraka（地獄）を中国で「奈落」と記すような用法をみることができる。この様式が日本にも移入され、『万葉集』によくみられることから万葉仮名と呼ばれるようになったとされている（沖森卓也『日本語全史』二七頁）。

万葉仮名は、はじめ歌謡の世界で普及したと考えられている。歌謡は元来口頭で歌われ、旋律やリズムを有する音楽の一種であったから、それを記すためには音仮名による表記が適合的であった。

このような歌謡の世界における表記法が急速に広がり、七世紀末から八世紀初頭の木簡などにも、下級官人や職人が記した万葉仮名がみられるようになり、さらには、散文の世界にも広がっていった。こうして、話し言葉を一音一字で表記する方法が、漢字を十分には使いこなせない階層の間にも普及しつつあったと考えられている(『日本語の誕生』)。

しかしながら、万葉仮名の場合、日本語の音の数だけ漢字を記さなければならないから、当然、筆記に多くの時間を要することとなる。それは、先に示した大伴旅人の歌をみても明らかである。こうしたことから、より速記性に優れた表記法として、片仮名と平仮名が創作されていったと考えられている。

そもそも仮名とは、「真名(まな)」に対する語である。本当の字である漢字に対し、仮の字として「仮名」と呼ばれたものであった。このうち、中国でもおこなわれていた漢字の字画を一部省略して書く「省文(せいぶん)」という手法によるのが片仮名であり、九世紀初頭には成立していたと考えられている。これに対し、万葉仮名に使われた漢字を崩して書かれた草仮名を経て成立したのが平仮名である。現存最古の平仮名は、元慶元年(八七七)の年記を有する「教王護国寺千手観音像胎内檜扇墨書」にみえ、九世紀末までには、平仮名も相当広範囲に使用されていたと考えられている(『日本語全史』一一二頁)。

これらの片仮名、平仮名は漢字を基にしているとはいえ、日本において作成されたものであり、漢字とは異なる文字といわなければならない。このような文字の創作により、より一層、日本語に近接した文章表記が可能となっていったのである。

仮名交じり文

片仮名や平仮名が普及すると、これを使用して和文化が一層進展した。漢字片仮名交じり文や、平仮名文などである。というよりも、より日本語に近接した文章を表記するために片仮名や平仮名が創出されたといったほうがよいかもしれない。なお平仮名文といっても、必ずしも平仮名のみで書かれるわけではなく、必要に応じて漢字も用いられた。したがってそれは、漢字交じり平仮名文とでもいうべきものであった。また漢字と平仮名を交用するといっても、今日われわれが日常的に読み書きしている漢字平仮名交じり文とは異なる。現代における漢字平仮名交じり文は、自立語(名詞や動詞をはじめとする、単独で文節を構成できる語)は可能な限り漢字で表記し、その他を平仮名で表記するが、古代にあっては、平仮名文のごく一部に漢字を交用する。したがってそれは、今日の漢字平仮名交じり文の直接の源泉ではなく、今日の表記法の源泉については必ずしも明確ではないとされているのである(伊坂淳一「書記法の発達(2)」一四四頁)。

ともあれ、片仮名、平仮名の創出によって、漢文、変体漢文(漢式和文)などのような漢字だけを用いる文体とは別に、片仮名や平仮名を交用する文体の表記が可能となったわけである。その結果、平安期までには、そうした表記法が用途によって使い分けられるようになっていった。漢字文が事柄を正式に記録するための書記様式であったのに対し、片仮名文は、日常的な事柄を非公式に叙述する書記様式であった。これらに対し平仮名文は、和歌をはじめとする美的な内容を叙述する書記様式であったとされる(小松英雄『日本語書記史原論』七九頁)。

美的な内容を叙述する平仮名文は、和歌のような韻文だけでなく、散文にも用いられてさまざまな文学作品を生み出していくこととなる。しかし平仮名文においては、表音文字の平仮名が連続するため、意味の切れ目を見出しにくいという難点があった。和歌の場合には、五・七による韻律によりこの切れ目を見出すことが不可能ではなかったが、散文の場合には韻律がないため読解がことに困難であった。このため、平仮名文では、墨継ぎなどによる分かち書きが選択されることとなったという。墨継ぎをした場所が濃く太くなり、意味の切れ目あたりで薄くなるという、毛筆に由来する書きぶりから、内容を読み取るのである(図1-1)。平仮名文は、草書体の流れるような字体に加え、墨継ぎや連綿、あるいはそれを筆写する料紙なども含め、本質的に美しさを求める文体であったといわれる(同書七一頁)。

平仮名文が、物語や日記、随筆など、平安期に多くの著名な文学作品を生んでいくのに対して、実用的な文書の書記様式として主要な地位を占めていったのが、漢字片仮名交じり文であった。平仮名文では、すでに述べたように意味の切れ目の読み取りにくさは解消されず、また抽象的な概念

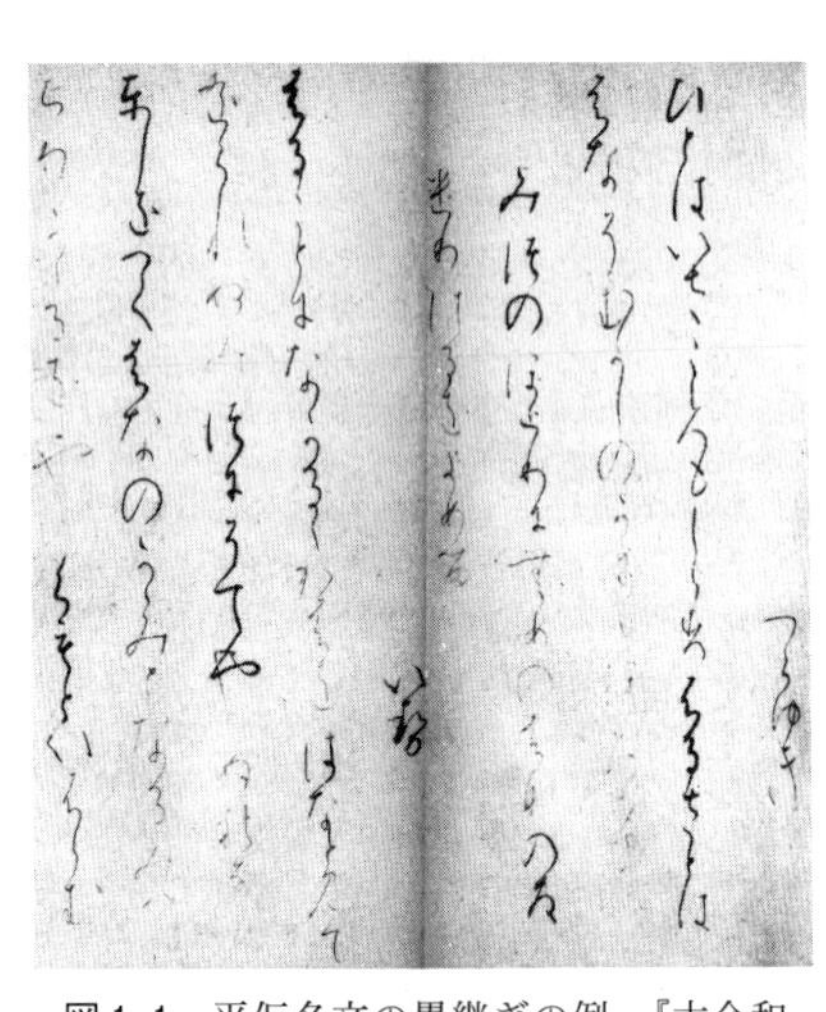

図1-1　平仮名文の墨継ぎの例．『古今和歌集』巻一断簡(高野切)

を表現する漢語を取り入れにくかった。したがって、論理的な叙述には不向きであったためであるとされる(山口仲美『日本語の歴史』八五頁)。

漢字片仮名交じり文は、概念を表す語には漢字をあて、送り仮名や活用語尾、助詞、助動詞などに片仮名を用いる用法である。漢文訓読体の構文を継承しつつ、漢字文をより読みやすく書きやすい文体としたものといわれる(『日本語書記史原論』)。漢文訓読体がベースとなっているから、当然のことながら漢語が主体となっており、それにより抽象的な概念も表記しやすい。漢字片仮名交じり文は、漢字文とならんで、こうしてこの時代の日常的な事柄を叙述する書記様式となっていったのである。

さまざまな文体から「候文体」へ

以上に示したように、近代以前の日本における文章の表記には、じつにさまざまな様式が存在した。中国語としての漢文をそのまま書き発音する文字通り外国語としての漢文から、訓点により日本語の語順に読み直す漢文訓読、一部に倒置を含みながら基本的に日本語の語順によって表記される変体漢文、このほか、万葉仮名のみによって記される万葉仮名文、仮名交じり文、仮名文など。これらのなかには、話し言葉のとおりに表記し得る様式もあった。万葉仮名文、仮名文などであり、宣命体などもこれに近い。しかしながら、これらは前近代日本においては、いずれも公私文書における表記法の主流とはならなかった。結局その主流となったのは、変体漢文の末裔たる「候文体（そうろうぶんたい）」と呼ばれるものである。

　候文体とは、中世末期から近世期にかけての実用的文書において圧倒的に主用であったとされる文体である（矢田勉『国語文字・表記史の研究』四七一頁）。とりわけ近世期においては、公文書から手紙などの私文書に至るまで、あらゆる文書が基本的にこの文体によって書かれるようになった。その生命力はきわめて強く、明治期に近代学校制度が確立し、往来物（おうらいもの）（後述）に代わり近代的な教科書で教育がおこなわれるようになって以後も、手紙などにおいては長くこの文体が使われ続けたのである。

　いま、候文体で書かれた近世期における典型的な一文を示せば、次のようなものである（『五人組帳前書 全』万延二年、清泉堂板。振り仮名および返り点などを省略した）。

一　前々従公儀度々出候御法度書之趣、弥以堅相守、御制法之儀不相背様ニ、村中小百姓下々迄可申付事

一　五人組之儀、町場者家並、在郷ハ最寄次第、五軒宛組合、子供幷下人店貸借地之者ニ至迄、悪事不仕候様ニ、組中無油断可令僉議。若徒者有之、名主之申付を茂不用候者、可訴出候事

一　隔年宗門改帳三月迄之内可指出候。若御法度之宗門之者有之バ、早速可申出候。切支丹宗門之儀者、御高札之旨相守、宗門帳之通、人別入念可相改候。宗門帳相済候而後召抱候下人等、寺請状別紙可取置候事

（中略）

一　百姓衣類之儀、結構成ものを不可着。名主ハ妻子共、絹・紬・木綿可着之。平百姓ハ木綿の外者不可着之。綸子・紗綾・縮緬の類、襟・帯等ニ茂致間敷候。然共平百姓ニ而茂、身体宜敷者ハ、手代方迄断達、差図を受、絹・紬着すべき事

これは「五人組帳前書」の冒頭部分であり、江戸時代に村役人が百姓らに読み聞かせるよう命じられていた法令集である。第一条では、幕府や領主より仰せ出された法律をよく守るよう、村中に徹底するよう命じている。第二条は、町や村においては五軒の家を組み合わせ一組とし、悪事をおこなわないよう相互の監視を求める内容となっている。第三条は、切支丹（キリスト教）禁令にかか

わるものであり、切支丹がいればすぐに通報することが命じられている。掲載した最後の一条は、着用が許される衣類について詳細に記してある。以下、人々が遵守すべき事項が事細かに記されている。

いかがだろうか。なんとなく意味はおわかりいただけると思われるが、すらすらと読める方は少ないのではないだろうか。読むほうはともかくとして、あらゆる文章をこのような文体で書かなければならないとしたら、どうだろう。現代の私たちにとっては、一本の手紙を書くのもはなはだ難儀であるに違いない。

もっとも、漢文と比較すれば、圧倒的に読みやすく理解しやすいと思われる。その理由は、漢文的な要素が極力圧縮されているからである。「従公儀」(公儀より)、「不相背様」(相背かざる様)、「有之」(これあり)、「可申出」(申し出ずべく)などのように、いくつか倒置法が見えるが、基本的には日本語の語順にしたがって記されていることがわかる。また所々に「ニ」「ハ」「を」などのように、片仮名あるいは平仮名で助詞が明示されている。

矢田勉によれば、候文は、変体漢文史の最末流に属する文体であった。漢文性を極力圧縮しつつも、ぎりぎりのところで漢文性を保持しているからこそ、それは変体漢文のひとつとみなされるということであろう。矢田は、「有之」「無御座」「如件」「依之」「難有」「奉存」「為後日」「乍恐」などといったいくつかの慣用表現を覚えるだけで、漢文性を保った文章を書くのに十分であり、これこそが、候文が達成した、文章・書記のメカニズムであったとしている。つまり、極限まで和化しながら、それでも漢文であり続けること、これこそが候文の生命であったが、ここには、漢文こそ正式の書記様式であるとする根強い伝統意識が表れていると矢田は指摘している(『国語文字・表記史の研究』四七一頁、四九〇頁)。

こうして普及することとなった候文体は、しかしながら、さまざまな表記法のなかで話し言葉との乖離の度合がもっとも強いもののひとつであったとさえいわれる(同書四四九頁)。候文は用途上、もっぱら文書に用いられる文体であり、口頭言語の投影としての性格から大きく離れた書記言語だったからである(同書四六四頁)。

候文体の話し言葉からのこのような乖離は、和文に接近したとはいえ、文書を読解しまた作文することに対し、依然として一定の困難さをもたらしていたと考えられる。しかし口頭語との乖離により、かえって書き言葉としての通用性が増大するといったこともあったと思われる。前述のように、これは矢田が変体漢文の有する特質について指摘していたことである。その変体漢文の最末流として確立した候文もまた、口頭言語の時代的変遷や地域的偏差にかかわらず、書記言語としての強固な通用性を発揮することとなった。先に述べたように、近世期においては、公私のほとんどの文書が候文体で書かれ、手紙文においては、長く明治期以後にも継続したのである。近世期の日本社会においても、口頭言語の地域差(方言の多様性)はいま以上に大きく、口頭言語だけでは、かえって意思疎通が難しい場合もあっただろう。候文体が書記言語としての地位を確固たるものとしたため、話し言葉が通じなくても、文章ならわかるという状況が広がっていったのである。

近世における書体の一様性

以上のように、近世期には候文体が書記言語の標準的な文体となっていくが、これに加え、書体という点からも、近世期の文書はきわめて一様性を増していくこととなる。現在の私たちは、楷書体で文字を書くことが普通であるが、近世期においては、むしろ行書体あるいは草書体が基本的な書体であった。矢田勉は、文書史における書体の変遷についても整理している(『国語文字・表記史の研究』)。それによれば、書体形式の規定がはっきりしている公式様文書(くしきようもんじょ)の時代(奈良〜平安初期)までは、公的性格の強い文書では楷書体が、私的性格が強まるにつれ行書体漢字・平仮名が使用されるという使い分けがあったが、その後、私的文書の形式が公的文書にも援用されるようになると、両者の境界が崩れ、後には、実用的文書の世界において楷書体は行草体に駆逐されるようになっていったという。近世期には、こうして、将軍発給文書から地方(じかた)文書や書状に至るまで、基本的な文書は行草体に統一されることとなるのである(同書五〇一頁)。

単に行草体で書かれるというだけでなく、近世期にはその崩し方までが一様なものとなっていく。御家流(おいえりゅう)と言われる崩し方である(図1-2)。御家流は、青蓮院流(しょうれんいんりゅう)、尊円流(そんえんりゅう)などとも呼ばれ、鎌倉後期

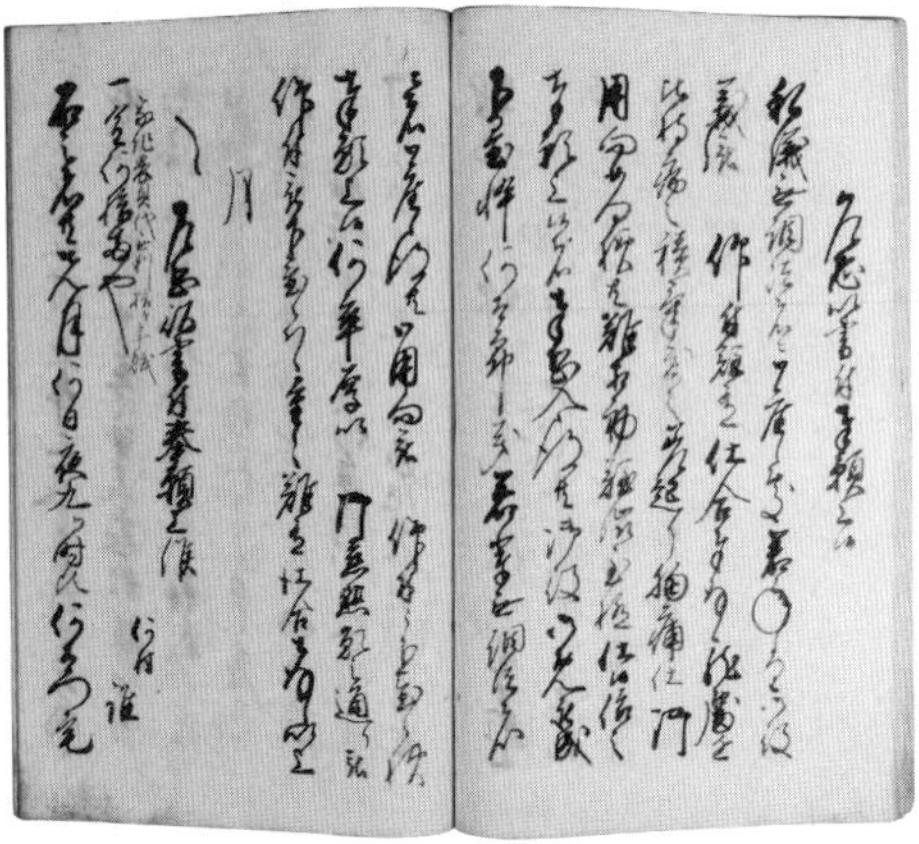

図1-2　御家流で記された写本『願書用例集』(天保10年〈1839〉頃)

の尊円親王を始祖とする書法であるといわれる。徳川期には、公文書にこの流派が採用されたので、御家流と呼ばれるようになった（青木美智男「近世の地方文書と近世史研究」）。後には、幕府や藩の公文書だけでなく、村で作成される公文書から私的な文書に至るまで、すべてが基本的に御家流で書かれるようになる。こうして近世社会では、同じ書体で書かれた候文体が、全国どこでも通用するようになっていくのである。

近世における文書のこのような斉一性は、一七世紀において急激に展開していったことが知られている。『長野県史 通史編 第四巻』の「文書の普及と庶民生活」という節では、長野県内に所蔵される古文書の書体について実証的な考察がなされている。それによれば、一七世紀前半の文書においては、いくぶん口語的で、仮名が多く、漢字も柔らかい筆致であり、近世期に一般的な御家流とは異なるのに対し、一七世紀末から一八世紀初頭における文書では、漢字が主体となり、その書体も典型的な御家流へと変化するという。このような変化は一七世紀中に進み、元禄・宝永のころには、以後一〇〇年余にわたって継続することとなる書式と書体が、どこでも一般化したと指摘されている（同書六三二頁）。また、このような変化は、領主側の文書における変化を起点として起こっていることも特徴的である。領主役人の作成する文書においてまず変化がみられ、領主役人との応接のなかで用いられた書式・書体が村民相互間の文書様式にも影響を与えていったというのである。

こうして、近世期には、全国的にきわめて斉一な書記言語の世界が確立したのであり、たとえ話し言葉が大きく違っていても、書き言葉で意思を通じ合うことが可能となっていったのである。

近世期はまた、文書量の激増する時代でもあった。このことは、各地に残存する古文書の調査をおこなえば、実体験としても理解できるが、ここでも、前述した『長野県史』が参考になる。寛永二〇年（一六四三）までの信濃に関する全文献の収集を意図して刊行された『信濃史料』のページ数のうち、一五世紀までの史料は全体の三分の一に過ぎず、一六世紀後半以後急激に増大し、一七世紀のわずか四三年間の史料が全体の三分の一を占めるのである。また、信濃各地の古文書目録から現存する文書点数を拾い、年代別にその点数を示したグラフによれば、寛永期以前（一六二三年以前）の文書点数は一％にも満たず、寛永期以後急増し、その後三〇年ごとに倍増していく（同書六二三〜六二四頁）。近世期の文書点数は、数え切れないほど多く、その量的な変遷を正確に把握することは困難であるが、少なくとも文書数の激増の動向を知ることはできるだろう。

このように、近世期は、文書が社会の隅々にまで浸透した時代であり、きわめて共通性の高い書記言語を基盤としながら、さまざまなレベルの識字力が、民衆層にも広く普及していったのである。この点で、矢田が、「候文」がそれまでのどのような文章体にもなし得なかった程度に庶民レベルにくい込んでいった文字文化だったことは疑いない、としながら、しかしながらこれは、戦国期から江戸期における文字文化の民衆への浸透という時代状況がまず先にあり、そのような状況に適するような変容を遂げた結果が候文であった、としているのは興味深い(『国語文字・表記史の研究』四六四頁)。

以上、本章では、日本における書き言葉の成立過程についてみてきた。日本語とまったく異なる文法構造を持つ中国語から文字を借用して、書記言語を創出してきた日本では、じつにさまざまな文体が現れては消えていった。このうち、漢文の読解法として比較的早くから成立していた漢文訓読を、いまも私たちは中等学校で教えられている。その特異さは、本章において述べたとおりである。

仮名文や宣命体など、口語のままに表記する幾多の方法を編み出していたにもかかわらず、日本では、漢文的な要素を残存させた文体が、標準的な書記法として生き残っていった。変体漢文のなれの果てともいうべき候文体もまた、辛うじて漢文的要素を有するがゆえに、公的文書においても標準的な文体となり得たのであった。こうして日本社会は、漢字を自家薬籠中のものとしてきたわけである。このため、漢字の日本語化に深く立ち入りすぎて漢字からの独立が困難になった、とまでいわれている(『言語学大辞典 第二巻』一五七五頁)。

近代以前の日本において、文字の読み書きの普及は、書記言語を口頭言語に近接させることよりも、漢文的な要素を有する標準的な文体を確立し、それへの習熟によって成し遂げられたということを、以上の過程は示しているといえよう。じつは、この習熟のための道具こそが「往来物」であった。次章においては、この不思議な呼び名の教科書に焦点をあてながら、日本における、読み書きの習得の歴史について述べてみよう。

第二章　読み書きのための学び

習書木簡にみる文字学び

国語史、とりわけ日本における文字の表記史を長く研究してきた矢田勉は、「文字・表記史」の重要な一面は「書記教育史」であると述べている(矢田勉『国語文字・表記史の研究』)。人間に生来備わった言語能力に適当な環境が与えられれば自然と発現する「口頭言語」に対し、「書記能力」は、教育の結果としてしか獲得できないからである。このことは、読み書きの歴史は読み書きの教育／学びの歴史でもある、と考える本書とも共通する視点である。

中国から漢字を借用して日本語の書記法を確立していくなかで、人々はどのようにして文字の読み書きを習得したのだろうか。その詳細な過程はわかっていない。しかし、わずかな手がかりが残っている。習書木簡(しゅうしょもっかん)と呼ばれる資料群である。

木簡とは、古代・中世において文字を記した短冊形の木片のことである。全国各地の遺跡から、いまも続々と発掘されており、七世紀後半から八世紀が、木簡使用の最盛期とされている（渡辺晃宏『平城京と木簡の世紀』一一頁）。

木簡はその用途から、文書木簡、付札木簡、習書・落書木簡の三種類に分類されている。このうち習書は文字・文章の習得（手習）のために書かれたものであり、落書はつれづれに意のおもむくまま筆を進めたものとされている（佐藤信『日本古代の宮都と木簡』）。この習書・落書木簡に着目することで、当時の学習の一端を垣間見ることができるのである。

習書木簡は、宮都遺跡はもちろんのこと、木簡がまとまって出土した地方官衙遺跡なら、ほぼ例外なく発見されるという（渡邊晃宏「日本古代の習書木簡と下級官人の漢字教育」）。習書木簡の出土がむしろ官衙関連遺跡である証拠となるほどであるとされる。つまり、役所に勤める役人たちは、地方の下級官人にいたるまで、木簡による文字学びをおこなっていたのである。渡邊の論考の時点で、習書木簡が発見された遺跡は一一五にものぼるという。

習書木簡は、そこに記されている内容から、典籍の習書、文書の習書、文字の習書の三つに分類されている（『日本古代の宮都と木簡』）。典籍の習書とは、『論語』や『文選』『千字文』などの漢籍のなかの一部分が記されたものである。『論語』は、いうまでもなく、「四書五経」といわれる儒学の主要経典のうちのひとつである。宮都だけでなく、地方の遺跡からも『論語』の習書木簡が相次いで出土しているという。屋代遺跡群（長野県千曲市）や観音寺遺跡（徳島市）などからも出土しており、地方への文字の普及ぶりを示している（新井重行「習書・落書の世界」）。梁の昭明太子によって編纂された詩文集である『文選』の習書木簡も、秋田城跡（秋田市）や胆沢城跡（岩手県奥州市）などから出土しており、東北地方の下級官人らも、これらの学習をしていたことが知られている（『日本古代の宮都と木簡』）。

文書の習書とは、官人らが日常的に作成しなければならなかった公文書を断片的に習書したものである。また、断片だけでなく、具体的な内容をともなう文例集が習書されたものも知られている。国司や郡司が作成する文書の文例集であり、下級役人の間に広く流布した様子がうかがえる（「日本古代の習書木簡と下級官人の漢字教育」）。

文字の習書とは、官司名や地名あるいは物品名などを繰り返し記したものである。たとえば、平城宮出土木簡の次のような事例が知られている。

（表）官宮中大式民治件

（裏）有官宮□大式

これは、二官八省（太政官・神祇官・中務省・式部省・治部省・民部省・兵部省・刑部省・大蔵省・宮内

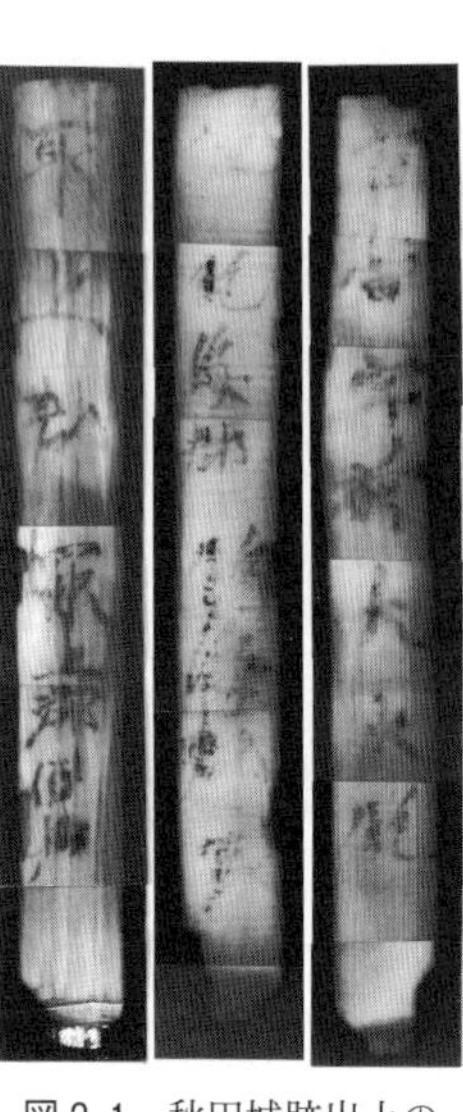

図 2-1　秋田城跡出土の習書木簡（赤外線写真）

省）の頭文字の習書と考えられている。また、秋田城跡出土の木簡には次のように記されている。

宇大宙宇於大大飽
飽　飽海郡　飽海郡　最
最上郡　最上郡□郷

飽海（あくみ）郡や最上（もがみ）郡などは、現在の山形県の地名である（以上、佐藤信『日本古代の宮都と木簡』より。図2-1）。

これらは、役人が文書を作成するときに必ず記す必要のあった文字を繰り返し学習している様子を示す資料といえるだろう。

以上のように、習書木簡は、古代の官人たちがおこなっていた、文字学びの様子を現在に伝えている。宮都や地方官衙に勤める役人たちにとって、文書の作成は不可欠な能力であった。漢籍だけでなく、日常的に作成する公文書の文例やそこで記される文字そのものを繰り返し筆記し学習していたのである。

律令制の確立とともに、官僚養成機関としての学校も整備されていく。大学寮(だいがくりょう)や国学(こくがく)などである。習書木簡の存在は、これらの学校における学習だけでなく、役所における日常的な学習の様子を示すものともなっている。いわば労働のなかに埋め込まれた学習が、地方の下級官人にいたるまで浸透していたのである。

一文不通の貴族たち

律令制とその下での文書行政の進展は、以上にみたように、全国各地に文字を学ぶ役人たちを生み出していった。しかしながら、律令制が崩壊していくと、漢文を主体とする文書作成能力は低下していったようである。「一文不通」と呼ばれる貴族たちさえもが出現していったのである。鈴木理恵は、この興味深い動向を、各種の資料のなかに見出している(鈴木理恵「「一文不通」の平安貴族」)。以下、鈴木の論考によりながらみてみることにしよう。

「一文不通」は、「いちもんふつう」と読まれる。「文盲」などと同様に平安期に成立した和製漢語であると考えられており、文字通りに解すれば、一文も読めない、つまり文字の読み書きがまったくできないことを指しているようにも思われる。しかしそうではなく、読み書きの能力が一定の水準に達していないことを指して使われた言葉だったようである。

一文不通と呼ばれた貴族のなかには、たとえば藤原道綱(ふじわらのみちつな)(九五五〜一〇二〇)のような上級貴族も含まれていた。藤原実資（九五七〜一〇四六）の記した『小右記』（九七七〜一〇四〇年頃）のなかに、道綱が大納言に昇進した際、名字しか書けず「一二」という数字すら知らない道綱のようなものが大納言となるのはおかしいと難じ、また左大臣の候補となったときも、一文不通の人が大臣に任ぜられた例は未だかつてないので、世の人は許さないだろう、と記している。とはいえ、道綱は他の資料から和歌や漢詩を自ら書いている可能性もうかがえ、一文字も読めないというわけではなかったらしい。

藤原経実（一〇六八〜一一三一）もまた「一文不通」と非難される貴族であった。藤原宗忠（一〇六二〜一一四一）はその日記『中右記』（一〇八七〜一一三八年）に、経実が無能で非常識であり、一文不通であったこと、公事のたびに病気と偽って出仕しなかったことなどを難じている。鈴木によれば、経実の勤務ぶりは確かによくなかったようであるが、漢字が読めないと務められない役を経実は務めており、まったく読み書きができないわけではなかっただろうと鈴木はいう。しかし、上級貴族が、その読み書き能力に関して一文不通と非難される状況が出現しつつあったのである。

「書儲」と呼ばれる面白い作法もあった。政務に際して、会議の場でなんらかの文書を実際に執筆しなければならないとき、最初の数行のみを記したところで、事前に自邸で作成し懐中に用意してきたものと取り替えるというものである。一二世紀末になると、書儲の慣例により、政務の場ではほとんど書かずに済ませる参議も現れたという。

貴族の読み書き能力の低下を示す言葉としては、さまざまなものが存在していたようである。「無才学」「一文不通」「文盲」「不知漢字」などである。鈴木によれば、このうち、無才学とは、平安初期の官僚にとって必要不可欠な漢学の才が十分ではないことを示す言葉であった。それは、官僚が漢学の高い素養を身につけているのは当然だとする考え方と表裏の関係にあり、このような高い素養を必ずしも身につけているとはいえない状況を示していたのである。他方、一文不通や文盲は、平安中期以降になって、無才学という言葉ではあらわし得ないほど一層漢学の素養が低下したことを示す造語であった。したがってこの場合も、一文字も読めないといった、非識字の状況を示すものではなかったというのが鈴木の見立てである。

平安末期になると、さらに以上とも区別される「不知漢字」「不書漢字」「不読漢字」などと呼ばれる貴族たちも登場する。鈴木によれば、これらは、学習が仮名の段階にとどまり、漢字教育をまったくあるいは十分に受けなかった貴族たちの存在を示すものであるという。

以上のように、平安期には、貴族においてさえ、漢文を主体とした読み書き能力の低下現象がうかがわれるのである。なぜこのようなことが起きたのだろうか。その理由は律令制国家の解体にある。漢文主体の文書作成が必須であった律令制機構が解体すると、官職の世襲化が進行し、高度な文章作成能力は、有力な特定の家において継承されるものとなっていった。すべての貴族に必要な能力ではなくなったというわけである。

とはいえ、以上はいわば漢文を基準とした場合の読み書き能力の低下を示すものにすぎない。これらの動向と並行して、漢文の和文化(変体漢文)、仮名の交用、仮名のみによる書記など、より日本語に近接した書記法が普及していった。このような和文化した書記法の段階にとどまる識字者は、正格漢文を身につけた者からすれば、確かに「一文不通」や「不知漢字」とみえたことであろう。しかしながら、漢文が日本語の文法と大きく異なる外国語であったことを考えれば、書記法の和文化は、かえって読み書きの社会的な広がりをもたらし得るものでもあった。多くの貴族が和文の学習段階にとどまったということは、和文化されたテクストの普及を裏付ける現象でもあり、一概に識字力の社会的低下とみなすわけにもいかないだろう。

矢田勉は、書記の享受層(文字文化を担う層)の総体を「文字社会」と呼びつつ、このような文字社会の下方拡張は必然的に書記能力の平均値を低下させるのであり、それが伝達効率の高い書記形態を生み出すための重要な原理となってきたと述べている(『国語文字・表記史の研究』八〇頁)。この意味からすれば、一文不通と呼ばれるような貴族の登場も、読み書き能力の平均値の低下の一過程とみなすこともできるだろう。ただし、律令制国家という、文書による行政運営をおこなってきた巨大な社会機構の破綻が、一時的に識字層を単純に縮小させた可能性も否定はできない。今後の研究が待たれるところである。

往来物の時代

文字社会の下方拡張のなかで、読み書き能力の平均値となっていったのが、すでに述べたように候文体である。変体漢文の最末流とされ、事実上の和文ともいえるこの文体は、漢字を主体としながらも、ごくわずかな漢文的表記をとどめるのみで、仮名も交用される。近世期以後においては、圧倒的に主用の文体となっていったのである。

文体が次第に和文性を帯びていくと、漢文で書かれた中国古典だけでなく、このような和文化された文体のためのテキストブックも求められていく。「往来物」は、こうした必要性に応えるうちに、次第に近代以前の日本における読み書き教材の基本形となっていったと思われる。

「往来物」の読みは「おうらいもの」である。「往来」とは文字通りには往来する手紙のことであり、「物」は、種々の語の下に付いてその種類などをあらわす言葉である。「冬物」「地物」「際物」など、現代においても頻繁に使われている。「往来物」とはつまり、手紙文例集をジャンルとする書籍群のことを指している。

最古の往来物とされるのが、『明衡往来(めいごうおうらい)』である(図2-2)。平安中期の学者、藤原明衡(ふじわらのあきひら)(?~一〇六六)の作とされる。作者については、必ずしも確証があるわけではないが、藤原明衡の編になるとすれば、一一世紀には成立していたこととなる。康治元年(一一四二)に筆写された写本が知られており(吉沢義則『国語国文の研究』)、遅くとも一二世紀にはその存在が確認できる。内容は、平安貴

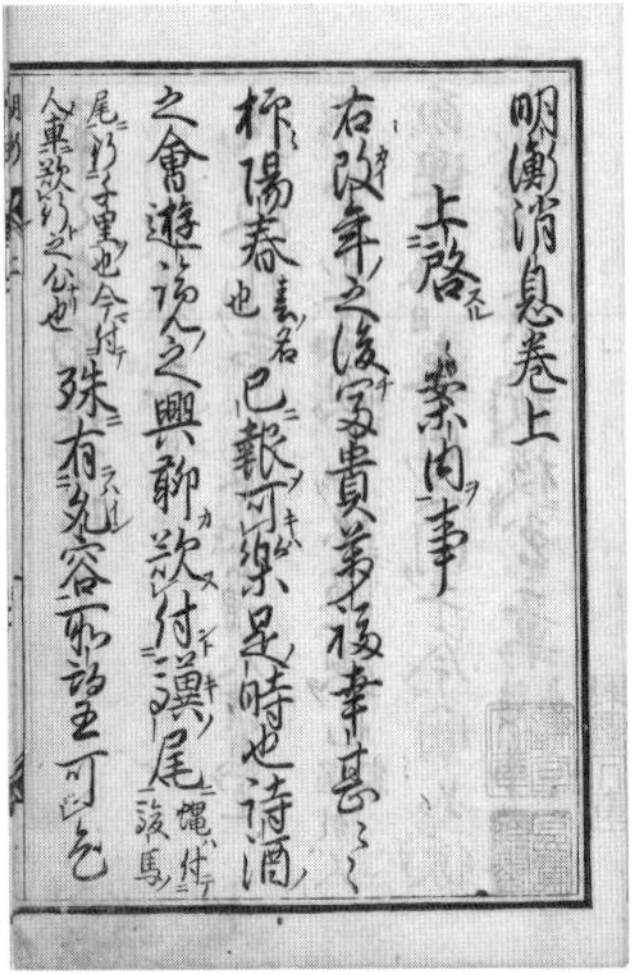

図2-2　『明衡往来』の刊本（『明衡消息』寛永19年〈1642〉刊）

族の間で交わされる各種の手紙文である。往状と返状の組み合わせで、二〇〇通を超える膨大な文例集である。

　矢田勉は、『明衡往来』が一一世紀後半に現れるのは偶然ではないとしている。変体漢文における文体の変化が急速な展開を遂げている時期だったからである（『国語文字・表記史の研究』八八頁）。漢籍による学習から、和文のテキストブックである往来物による学習への転換は、まさに、このような文字社会の下方拡張のもたらしたものでもあったといえるだろう。『明衡往来』のほか、『西郊往来』『和泉往来』『菅丞相往来』『季綱往来』など、平安期のうちに続々と往来物が編まれ、さらに鎌倉期・室町期へと続いていく。近世以前に編纂されたこれらの往来物は「古往来」と呼ばれている。多くは古くから知られてきたものであるが、戦後になってから注目されるようになった『高山寺本古往来』などもある。現在確認されている古往来は五十数種にのぼるが、もちろんこれらは、実際に編纂されたものの一部であろう。

　往来物の内容的特徴については第三章であらためて検討するが、日本における読み書き学習の歴史において、往来物が成立する以前の時代を「漢籍学習の時代」、近代学校教育以後を「教科書の時代」とするならば、平安末期から明治初期までの時代は、まさに「往来物の時代」であったといえるだろう。

書儀と往来物

手紙の往来に由来する「往来物」などという書籍が、教科書であったということは、現代の私たちからみれば、きわめて奇異にも思える。「往来物」の読み方さえ、一般にはあまり知られておらず、研究者であっても領域が違えば、「おうらいぶつ」と読んでしまう人がいるぐらいである。しかしながら、世界には、手紙文を読み書きの教科書として使用する事例がいくつか存在しているのである。

中国における「書儀(しょぎ)」もそのひとつである。そしてこの書儀こそが、日本における往来物の成立に多大な影響を与えたと考えられる。

書儀とは、一般に書簡(手紙)の模範文例集のこととされるが、単なる文例集ではなく、中国伝統社会の「礼」や「法」を背景とした一種の百科全書でもあったとされる(丸山裕美子「月儀と書儀」)。そうした「礼」の体系のうち、身体動作に関する作法を「行儀」、口頭での挨拶に関するものを「辞儀」とすれば、書簡に関する作法が「書儀」と呼ばれるわけである(川口久雄『三訂 平安朝日本漢

文学史の研究 下』)。行儀や辞儀は、日本でもなじみのある言葉となっていよう。

この書儀は、漢代に始まり、唐代に普及し、宋代に衰えたとされるが、敦煌資料のなかに大量の書儀があることが確認されるまで、中国において完本として伝わるものがきわめて少なかったこともあり、必ずしも注目されてこなかった。中国から伝わって、現在、正倉院に所蔵される『杜家立成雑書要略』も書儀のひとつとされるが、中国にこの本は伝来していない。手紙は事が済めばすぐに廃棄されるものであったことが、原本が伝わらなかった理由ではないかと考えられている(祁小春「唐代書儀と王羲之尺牘との関係について」)。

ところが、二〇世紀になり敦煌石窟が発見され、その発掘の過程でフランスやロシアなどに所蔵されることとなった敦煌資料のなかに、大量の書儀が存在していることがわかり、ようやく注目が高まったのである。

敦煌資料における書儀は、「朋友書儀」「吉凶書儀」「表状箋啓書儀」の三種類に分類されている。「朋友書儀」(図2-3)は、前半部に年月・節季ごとの挨拶の用語を配し、後半に月ごとに友人間で取り交わす手紙文を配したものである。「吉凶書儀」は、吉凶の儀礼に際して取り交わす手紙文の見本のみならず、儀礼における喪服制度などを含む総合的な書儀である。「表状箋啓書儀」は、公私での交流・交際における「文章見本」である(張文昌ほか「中国中古における書儀の発展と『温公書儀』」)。

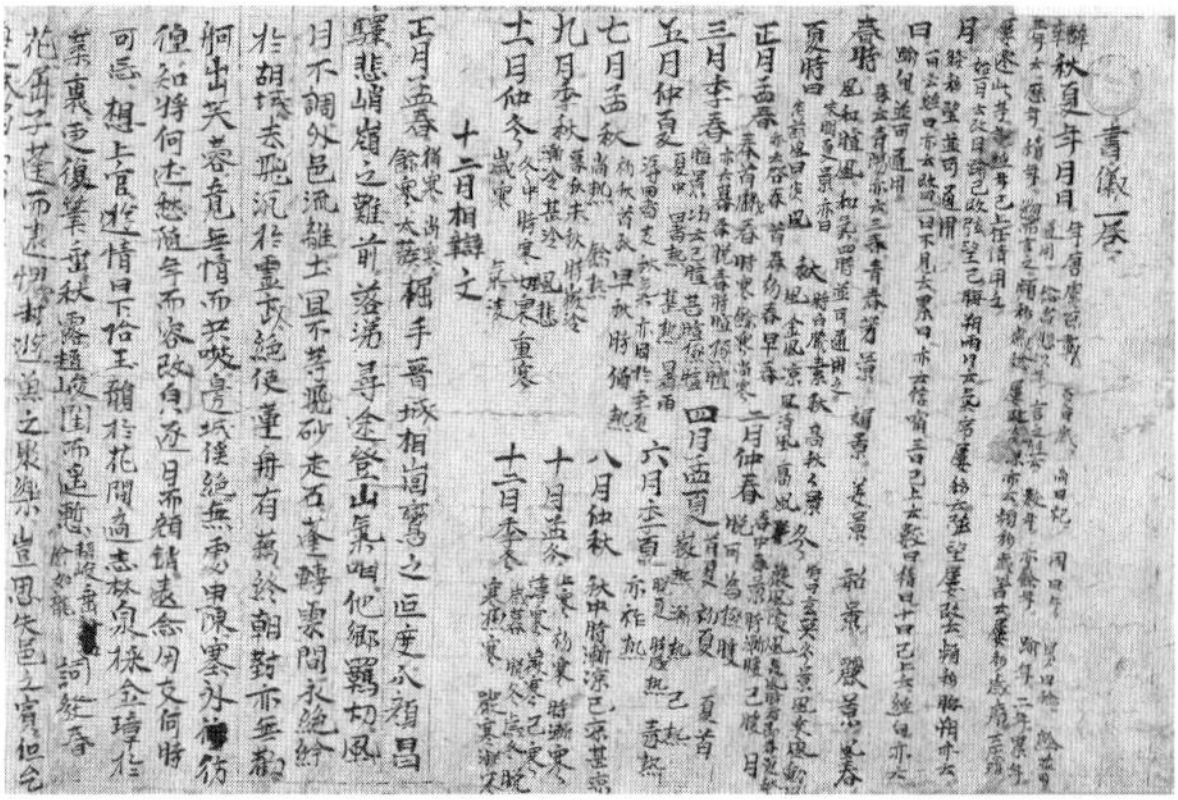

図 2-3　敦煌資料「朋友書儀」(ペリオ文書 P. 2505)

丸山裕美子は、以上の分類に対して、「月儀」と狭義の「書儀」とに分け、両者を合わせて広義の書儀と理解している。「月儀」は、書簡文集(手紙文例集)であり、一二カ月の月ごと・季節ごとの挨拶状の模範文例であり、狭義の「書儀」は、「書札礼」すなわち手紙文の形式や文言などに関する礼式を記した書籍であるとしている(丸山裕美子「書儀の受容について」)。

以上のような書儀の概要をみるだけでも、日本の往来物にきわめて類似していることは明らかである。書儀の中核をなしているのは、手紙文例であり、往来物と同様である。さらに「月儀」の場合には、往復の文例が月ごとに配列されているという。日本の往来物にも、『和泉往来』をはじめとして、月ごとに往復二通の手紙文例を配した往来物が多数存在している。偶然の一致とは考えにくいだろう。

さらに、中国における書儀が、日本の往来物と同様に、一種の教科書であったと考えられることも注目される。川口久雄は、手紙文はすこぶる実用的であったから、手習を兼ねた手本として教科書的な役割を担いやすかったとしている（『三訂 平安朝日本漢文学史の研究 下』）。那波利貞も、村塾・寺塾における庶民の教育には、『千字文』などと並んで「吉凶書儀」も用いられただろうと記している（那波利貞『唐代社会文化史研究』）。また丸山裕美子も、敦煌資料の「朋友書儀」の筆致は、おしなべて拙く、日本近世の寺子屋で往来物が学ばれたように、それらも敦煌の寺塾や私塾で庶民が学んだものであろうと推測している（丸山裕美子「敦煌写本「月儀」「朋友書儀」と日本伝来『杜家立成雑書要略』」）。

これらの共通性から、中国の書儀が日本の往来物のひとつの源流であったとも考えられている。古くは山田英雄が、「月儀」は月ごとに書簡を並べている点で、日本の『十二月往来』と同じようにこれらは「往来」と称すべきものであり、加えて、九世紀半ばに入唐（にっとう）した僧円珍（えんちん）の求法目録のなかに『福州往来集』『温州台州往来集』の書名がみえることから、月儀が往来物の起源となったのであろうと指摘している（山田英雄『日本古代史攷』）。

書儀についての研究の進展により、このような見方はさらに深まりつつあるようである。正倉院に伝わる『杜家立成雑書要略』が書儀のひとつであることはすでに述べたが、一九九八年、市川橋（いちかわばし）遺跡（宮城県多賀城市）から、『杜家立成雑書要略』を記した木簡が発見された（図2-4）。当該遺跡は多賀城の官人居住区であり、これらの地方官人が習書したものと考えられている。つまり、書儀による手習は、日本の地方官人層にも普及しつつあったのである。これらの事実を踏まえ、丸山裕美子は、敦煌で「朋友書儀」が生み出されたように、やがて日本の社会に即した手紙文の範本が生み出され、最古の往来物とみられる『明衡往来』『高山寺本古往来』『和泉往来』などが出現したとしている。また、山田英雄と同じように、円珍ら入唐僧が、書儀や「往来集」をも請来していたのであり、それが日本の往来物の隆盛につながっていくこととなったとしている(「敦煌写本「月儀」「朋友書儀」と日本伝来『杜家立成雑書要略』」)。

金文京もまた、日本の往来物は中国の書儀から大きな影響を受けているとして、現在でも手紙に使われる「拝啓」「不一」「不宣」「敬具」など手紙独特の用語は、みな中国由来であるとしている(『漢文と東アジア』)。

往来物と書儀との直接的な関係は、さらに深められるべき課題であろうが、以上からみて、両者がまったく無関係であったとは考えにくい。手紙文による学習というスタイルは、それが古くから中国にあり、それが日本にも伝来し、日本的なものとしてその後隆盛し

図2-4 『杜家立成雑書要略』の一節を記した市川橋遺跡出土の木簡

たのが往来物であったと考えることができそうである。

手紙文による学習の広がり

以上から、手紙文による学習という形式が、日本だけでなく中国でもおこなわれていたことが明らかとなったが、じつは同じような事例が、時代をもっと遡って存在している。それが、ウル第三王朝王室書簡写本として知られている粘土板文書である。

前川和也によれば、古代メソポタミアにおいては、手紙が果たす役割がきわめて重要であったという(以下、前川和也「初期メソポタミアの手紙と行政命令文」による)。都市と外部世界をつなぐコミュニケーションとして、手紙粘土板が利用されており、また手紙から発展した行政命令である「手紙命令文書」も成立していたという

さらに前川によれば、ウル第三王朝時代(前二一世紀)の王室書簡写本は、ウル第三王朝当時の資料ではなく、後世(前二千年紀初頭から前期)に各地の学校で書記生徒らによって書き写されたものだという。つまりそれらは、書記生徒らのための学習教材ないしその学習成果である。過去の手紙文を用いた学習という点で、中国の書儀や日本の往来物とよく類似しており、あたかもそれは、バビロニア版書儀あるいは往来物とでもいうべき事例ではないだろうか。前川は、バビロニア人の書記生徒が、なぜウル第三王朝の王室書簡を学ぶようになっていったかは不明であるとしている。日本

の往来物についても、同じような感想を禁じ得ないときがある。『明衡往来』や『庭訓往来』などといった、古くからある往来物を、江戸時代の庶民も学んでいた。何百年も前に成立した往来物を、なぜ江戸時代の人々が学んでいたのだろう、と不思議に思われることが多い。この点でも、日本の往来物とよく似ている。

この事例は、いうまでもなく中国の書儀や日本の往来物とは、まったく無関係であったと思われる。つまり、異なる地域で、同じように手紙文を教材とする学習がおこなわれていたということになるだろう。ここには、コミュニケーションの一形態としての手紙文が、学習の範例としてきわめて重要であり、文字学習の初歩となりやすかったということが示されている。

ヴァイ文字の学習と手紙

いま少し世界に目を向けてみよう。以上の歴史的な事例とは異なるものの、手紙文を使用した近代の文字学習として知られているのが、リベリアのヴァイ文字の習得である。

西アフリカのリベリアのヴァイ地域において使用されてきたヴァイ文字は、その成立時期がある程度明確な文字として有名である(図2-5)。また、このヴァイ地域の識字については、スクリブナーとコールの研究があり、識字そのものが人間の認知形成にいかなる効果をもたらすのかについての稀有な研究として知られている(Sylvia Scribner and Michael Cole, *The Psychology of Literacy*)。

図2-5　ヴァイ文字（スクリブナーとコールによる）

二人が調査をおこなった一九七〇年代、この地域では、一九世紀に創出されたヴァイ文字に加え、アラビア文字、アルファベット（英語）の三つの文字が使用されていた。ヴァイ文字は、二〇〇程度からなる表音文字であり、また音節文字であった。つまり日本語の仮名のように、ひとつの文字がひとつの音節をあらわす。二〇〇程度のこのヴァイ文字さえ覚えれば、基本的な読み書きが可能となったのである。

三つの文字は、それぞれの用途が異なっていた。ヴァイ文字は、手紙をはじめとする日常的な生活においてヴァイ語を記すために使用されていた。アラビア文字は、アラビア語で書かれたコーランを読むためのものであり、宗教生活においてもっぱら使用された。英語はリベリアの公用語であり、学校教育（ある時期までは主としてミッションスクール）に通う若年層が使用していた。

二人の研究上の眼目は、これら用途の異なる三つの文字について、その識字力が記憶力や認知能力にどのような効果を及ぼすか、ということにあった。とりわけ、学校教育と無関係に習得されていたヴァイ文字の場合、学校教育の影響を除外した、識字そのものの認知能力形成への影響を測定し得ることに着目したものだった。

きわめて興味深い研究といえるが、本書との関係で注目されるのは、ヴァイ文字の習得プロセスである。ヴァイ文字の習得は、幼少期ではなく、おおむね一三歳から二〇歳頃に、それぞれの個人の必要性に基づいておこなわれるものであった。スクリブナーらが調査した時点では、特別な学校や教師がいるわけではなく、また専用の教科書もなかった。すでにヴァイ文字を習得している職場の同僚や、家族などに、教えてもらうのである。一回あたり四五分程度、それを週三〜五回程度繰り返すと、平均して二〜三カ月で一定の機能的な識字にいたるという。

そこでも教材として使われたのが手紙であった。教師役となる人が教材となる手紙を学習者に渡し、内容を詳細に説明する。学習者はそれを暗記しながら、それぞれの文字を識別することができるようになるのであった。

その際、教育上の配慮として次のような方法も採られていた。①物の名前を列挙して、学習者がそれを書き写して覚える方法。②個々のヴァイ文字を列挙して、その名前を覚えさせる方法。③②の際に、個々の文字の音や頻出度に従って列挙する方法。④ヴァイ文字の形に従って視覚的に教える方法。これらのうちのいくつかが組み合わされて、教えられていたという。

以上のヴァイ文字習得の過程は、日本の往来物による学習とも類似する部分がある。日本の場合、表音文字である仮名だけでなく、表語文字である夥しい数の漢字を習得する必要があったので、もちろんヴァイ文字の習得とは根本的に異なる部分もあった。また、ヴァイ文字とは比較にならないほど長期間にわたる学習が必要でもあった。しかしそれにもかかわらず、手紙を教材とする点はもちろん、ほかにも共通する部分が多い。後述のように、往来物においても、物の名前を列挙したものが無数に存在している。手紙文の体裁を取りながら、冒頭と末尾の慣用句の間に、ひたすら物の名前を列挙するという形式は、往来物におけるひとつの基本形でもあった。ヴァイ文字習得とじつによく共通しているといえよう。

手紙が教材として使われるのは、ヴァイ文字の用途として手紙がもっとも一般的だったからであろう。スクリブナーとコールによれば、ヴァイ文字識字者の九三%が手紙にヴァイ文字を使用していると回答している。特別な教科書が編纂されないなかにあって、手紙はヴァイ文字教材としてもっともふさわしいものであったと思われる。

以上のように、読み書き教材として手紙が用いられるのは、日本の往来物に限ったことではないのである。文字のもたらす機能は多岐にわたり、もちろん文化や学問の世界とも接続するが、文字使用の初期段階や、あるいは日常的な用途としては、記録や通信が基本的であっただろう。したがって、手紙が文字習得の教材として使用されていくこと自体は、自然なことかもしれない。

しかしながら、日本の往来物は、このようないわば原初的ともいえる文字習得の形式が、近代学校の教科書がそれに取って代わるまでの間、およそ八〇〇年以上にもわたって継続したという点で、きわめて特異といえる。後述するように、往来物も次第に変化して、地理や歴史や社会についての知識を学ぶことに重点を置いたものも登場していった。しかしそれでも、「往来物」というその名称は変わることはなかった。手紙の往来に由来するこの名称は、教科書を示す呼称として変わることなく使い続けられるのである。じつに興味深い現象ではないだろうか。

消息から往来へ

ヴァイ文字の習得が、特別な教材によってではなく、手紙をはじめとする実際に使われた文書の学習によって達成されたように、中国の書儀および日本の往来物においても、その原形は、実際に遣り取りされた手紙そのものであったのかもしれない。しかしながら、次第に模範文としての性格を強めていくにしたがい、テキストブックとして特別に編纂されるようになっていったと思われる。日本の場合には、もっぱらテキストブックとして編纂された書籍が、「往来物」と呼ばれるようになっていったのである。

ところで、中国の書儀から往来物が派生したと考えられるのと同様に、往来物における「往来」

の語源もまた中国にあったと考えられている。五経のひとつ『礼記（らいき）』に、「礼尚往来、往而不来非礼也、来而不往亦非礼也」と記されるのがその起源とされている。礼とは一方通行ではなく、相互性が重んじられるという意味である。服部嘉香は、礼の相互性をいうこの「往来」の語が手紙の意味で用いられるようになったのは、手紙もまた互いに消息を伝えあうもので、返事は必ず出すべきと考えられていたからだとする（服部嘉香「『明衡往来』の撰者・書名・内容・文体について」）。中世までに成立していた古往来の多くは、往状と返状を一組とする手紙文例を多数掲載するものであった。その意味で、まさに『礼記』にいう儀礼を具現化した書籍であったといえる。

「往来」の語は、日本においてはしかしながら次第に手紙そのものではなく、手紙文を作成するための手本として意識されていくようになる。このあたりの経緯については、往来物研究の大家であった石川謙の指摘が興味深い。石川によれば、手紙を意味する言葉として「消息」と「往来」の語が古くから使用されてきたが、次第に「消息」は実際の手紙を指し、「往来」は手紙を書くためのテキストブックを示す語となっていったという。一一世紀頃の成立とみられる『新猿楽記（しんさるがくき）』にはさまざまな文体の名称が列挙されているが、このなかに「消息」と「往来」の両方が記されていることから、両者を区別する観念がすでにこの時期に存在していたというのである（石川謙『古往来についての研究』）。これについては、消息と往来を分けず、「消息往来」というひとつの熟語だと解する見方もある（青木孝「「消息」と「往来」との語義の区別について」）。「往来」は手紙の文体を示す独立した用語ではなかったとする指摘である。

さらに検討の待たれるところではあるが、いずれにせよ「往来」がその後、次第に手紙を書くためのテキストブックを示す言葉として使われるようになっていったことは、石川の指摘通りと思われる。石川は、このような例として、一四世紀に編まれたとみられる『麒麟抄』の記述を紹介している。『麒麟抄』は書道について記した書籍であるが、このなかに「往来書事」と「消息書事」の二つが別々に記されている。それによれば、「往来」は詞を連ねたり畳字を一字宛に(同じ字の繰返しに際し「々」のような符号を用いずに)書いたりすべきであり、また候という字をはじめは行書、次第に草書に書くべきである、物や人の名前、国郷の名前などを真行草体交じりに書くべきである、などとする一方で、「消息」においては、読みやすく見やすいように書くべきであるとされている。つまり、「消息」は実際に出す手紙であり読み易さが大事であるのに対し、「往来」は一種の模範文例として、教育上の工夫が凝らされたものとみなされていたというのである。

同様の事例は、室町前期の成立と考えられている『書札作法抄』にも見出される。「往来」においては月の異名などが書かれるが、実際に用いられる「消息」においては、そのようなことをしてはならない、などの記述を引きながら、これもまた、テキストブックとしての「往来」と「消息」を区別する見方を示すものだと、石川は指摘するのである。

教科書的なるものとしての「往来」

日本における「往来」の語は、すでに触れたようにその後、手紙文例という範疇を超えて使われていく。とりわけ近世になると、無数の初学者用書籍が編纂されていくが、それらは「往来」と総称されている。このなかには教訓書のようなものや、種々の語彙を列挙したもの、あるいは地誌に関するものなど、手紙文とはまったく異なるきわめて多様な書籍が含まれる。このような書籍を往来物と呼ぶのは、「往来物」の本来的概念からの逸脱といってよいだろう。したがって、それらは「往来物」の分類から除外すべきであるとする見解にも頷けるものがある（マルクス・リュッターマン「「往来物」とは何か」）。

しかしながら、以上のような拡張された「往来」についての概念は、それらの書籍が編纂され、学ばれていた時代の人たちが共有していたものでもあった。

手紙文以外の文書を往来物に掲載した初期の事例として知られているのは、『富士野往来』である。室町前期の編纂とみられる同書は、建久四年（一一九三）におこなわれた富士野巻狩と、そこで起こった曽我兄弟の仇討ちに関する往来物である。廻文状、副文状、着到状などさまざまな様式の文書を収録しており、手紙文に拘束されず「往来物＝初歩教科書」とする近世的往来物概念の先駆とされる（『往来物解題辞典』より）。

近世期になると、このような観念はより明瞭になる。石川謙がいうように、およそ習字手本に仕立てることのできる初歩教科書なら、なにからなにまで「往来」と呼ぶ傾向が強まっていくのである(『日本教科書大系 往来編 第一巻』二三頁)。そのもっとも端的な事例は、元禄七年(一六九四)に刊行された『商売往来』である(図2-6)。三好信浩が『商売往来の世界』のなかに、その読み下し文を掲載している(同書五一―五六頁)。一部を紹介してみよう(以下、本書での引用は、読みやすさを考慮して振り仮名を加え、漢字は通行の字体に改める。( )内は筆者による補いである)。

凡そ、商売持ち扱う文字は、員数・取り遣りの日記・証文・注文・請取・質入れ・算用帳・目録・仕切りの覚えなり。先ず、両替の金子、大判・小判・壱歩・弐朱。金位、品多く、所謂、南鐐・上銀子・丁・豆板・灰吹等、贋と本手を考え、貫・目・分・厘・毛・払まで、天秤を以て、分銅相違無く、割符売買せしむ可きなり。雑穀は、粳・糯・早稲・晩稲・古米・新米・麦・大豆・小豆・大角豆・蕎麦・粟・黍・稗・胡麻・荏・菜種。廻船数艘、積み登し、問屋の蔵に入れ置き、直段・相場を聞き合わせ、残らず売り払うに於ては、運賃・水上げ・口銭、指し引き、相究め、都合、利潤の程を勘え、出入りの損失有らば、之を弁える可し。譬えば、味噌・酒・酢・醤油・麹・油・蝋燭・紙・墨・筆等。此の外、絹布の類は、金襴・繻子・段子(ママ)(緞子)・紗綾・縮緬・綸子・羽二重・北絹・生絹・天鵞絨・羅紗・猩々緋・羅背板・毛氈・兜羅綿・端物・麁物・仕立物・古手・真綿・摘綿・木綿・麻苧・紬・肩衣・袴・羽織、同じく紐・袷(あわせ)・単物(ひとえもの)・帷子(かたびら)・夜着・蒲団・蚊帳(かちょう)・浴衣・風呂敷・手拭・帛紗(ふくさ)・帯・頭巾・踏皮(たび)。

以上は、冒頭の部分である。商売において取り扱う種々の道具や貨幣の種類を示した後、雑穀の種類、商品取り引きの実際が記され、あとは種々の商品名が列挙されている。三好がいうように、声に出して読んでみると、なかなか語呂がよいことがわかる。この後も、同様に膨大な商品名が列挙されることとなる。そして末尾は次のように記している。

> 右品々前後混乱為(た)りと雖(いえ)ども、唯、初学の童、平生取り扱う可(べ)き文字(もんじ)迄、思い出ずるに任せ、粗(ほぼ)、筆を馳せしなり。抑(そもそも)、商売の家に生(うま)るゝ輩(ともがら)は、幼稚の時従(よ)り、先ず、手跡(しゅせき)・算術の執行(しゅぎょう)、肝要為る可きものなり。然(しか)して、歌・連哥(れんが)・俳諧・立花(りっか)・蹴鞠(しゅうきく)・茶の湯・謡(うたい)・舞・鼓・太鼓・笛・琵琶・琴、稽古の儀は、家業余力有る折々、心懸け、相嗜(たしな)む可し。或(あるい)は、碁・将棊(しょうぎ)・双六(すごろく)・小歌・三味線(さみせん)・酒宴・遊興に長じ、或は、分限に応ぜず、衣服・家宅を錺(かざ)り、泉水・築山(つきやま)・樹木・草花(そうか)の楽しみのみ、金銭を費やす事、無益(むやく)の至り、衰微・破滅の基(もとい)か。惣(そう)じて、見世棚奇麗に、挨拶・応答(あいしらい)・饗応(もてなし)、柔和為る可し。大いに、高利を貪り、人の目を掠め、天の罪を蒙らば、重ねて問い来(きた)る人、稀なる可し。天道の働きを恐るる輩は、終(つい)に、富貴繁昌、子孫栄花(えいが)の瑞相(ずいそう)なり。倍々、利潤疑い無し。仍(よ)って、件(くだん)の如し。

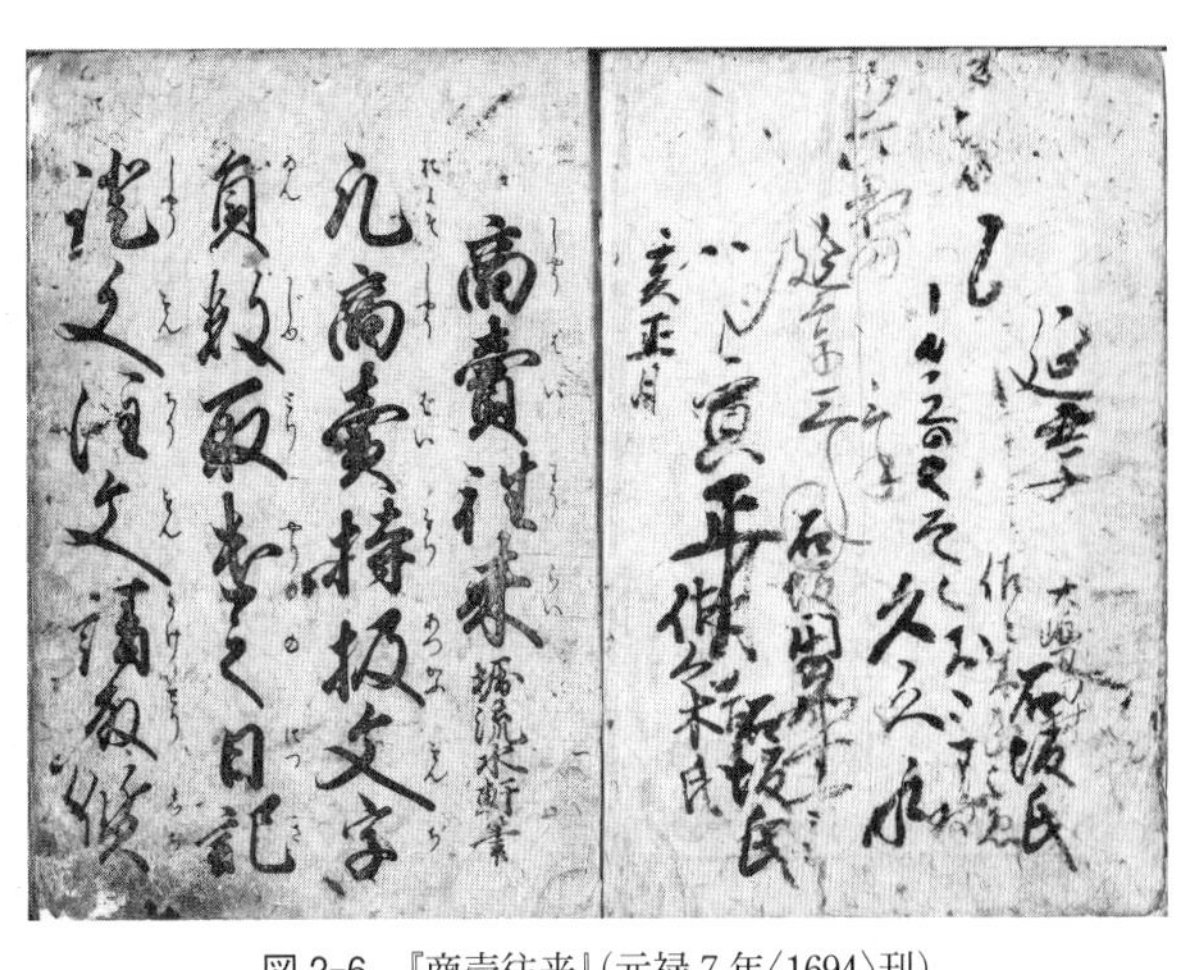

図 2-6　『商売往来』(元禄 7 年〈1694〉刊)

元禄七年五月中旬
此一巻、筆徒わらわべの便(たより)に書(かき)あつめしなり。

以上のように、『商売往来』は、初学者が平生において取り扱う文字、とりわけ商売に必要な語彙を列挙したものである。最後に商人として弁えるべき心得が記されているが、ほとんどの部分が道具や商品などの単語によって埋め尽くされている。その意味では、商売上の単語集といってもよい教材なのである。末尾に「筆徒わらわべの便にと書あつめし」と記されており、子どもを対象として編纂されたことが明らかである。

『商売往来』のどこにも手紙文は登場せず、他の往来物においてしばしばみられるような、冒頭に「謹啓」などの語を置いて、形式だけでも手紙風にするということさえなされていない。もはや「往来」の原義をまったく失っているにもかかわらず、同書は『商売往来』と題されている。

この『商売往来』は、近世往来物史上においても最大のヒット作であった。乙竹岩造が『日本庶民教育史 中巻』において江戸期の筆写本として紹介している『寺子屋物語』のうちに、「名がしらと江戸方角と村の名と商売往来これでたく山」と詠まれているのが、これまでもしばしば引かれてきた。「名がしら」とは、「源平藤橘」などのような苗字に頻出する漢字を取り集めた往来物であり、「江戸方角」は、江戸の地名や名所を記した往来物である。「村の名」は、周辺の村名を列挙したもので、各地で無数に作られた教材であった。これらの教材と『商売往来』さえ学べば、それでもう沢山であると詠ったものであり、初学者向け教材としての同書の不抜の地位を示す。

このように、手紙文とは無縁の教材が一七世紀末には刊行され、それもまた「往来」と呼ばれていることから、「往来」の語が、近世の早い時期から初学者向け教材を示す言葉として大いに普及していたことが知られる。

また、『国姓爺往来』(こくせんやおうらい)も現存最古の伝記型往来とされるが(『往来物解題辞典』による)、手紙文とまったく無縁の往来物である。中国明の遺臣、鄭成功(ていせいこう)の伝記であり、享保二年(一七一七)に刊行されている。国文学研究資料館所蔵の一書が、国書データベースに公開されているが、書肆は「浪華田寺与右衛門」。一ページに四行を記し総振り仮名である。冒頭に挿絵を載せ、「忠孝」の道を説いているのも、いかにも教材らしい。

『童子往来』の名称を冠する一連の往来物も、注目される。元禄一一年（一六九八）に刊行された『童子往来綱目』を始祖として、夥しい数の類書を生んでいく。「庭訓往来」と「実語教・童子教」を本文に掲げ、頭書（本文の上欄に注釈等を記したもの）に、「今川状」「腰越状」「義経含状」などの古状（歴史的な事件に関連する古い書状を往来物としたもの。第三章参照）および「風月往来」「御成敗式目」などを収録するという構成が基本的なパターンとなっている（『往来物解題辞典』）。

注目されるのは、「実語教・童子教」が収録されていることである。「実語教」は平安末期、「童子教」は鎌倉前期の作と推定される教訓書である。近世においては「実語教・童子教」のようにセットで編纂されているものがほとんどである。これまで五五〇種以上の刊本が発見されているという（『往来物解題辞典』）。往来物の歴史全体を通じても最高のヒット作といえるだろう。

『実語教』は、「山高故不貴　以有樹為貴　人肥故不貴　以有智為貴」（山高きが故に貴からず、樹有るを以て貴しとする、人肥えたる故に貴からず、智有るを以て貴しとする）などのように、五字一句で学問奨励をはじめとした教訓を記したもので、本来的な往来物とはまったく異なる内容である。それにもかかわらず、「実語教・童子教」を収録した書物が『童子往来』のような表題で刊行されていたのである。

元禄一一年に同書が刊行されて以後、大坂を中心として、類書が陸続と編纂されていった。『往来物解題辞典』には、『童子往来大成』（元禄一三年）、『童子往来富貴宝蔵』（享保元年）、『童子往来万福宝蔵』(享保七年)、『新童子往来万世宝鑑』(享保一七年)、『新童子往来万宝蔵』(安永九年)、『新童子往来万福大成』(文化四年)、『大全童子往来百家通』(天保八年)、『新童子往来万家通』(弘化二年)など、「童子往来」を冠する夥しい種類の往来物が掲載されている。近世期には、教科書的なるものの総称として「往来」が定着している様子をうかがうことができるのである。

しかしながら、その教科書的なるものが、あいかわらず「往来」と呼ばれていたことも、近世の教育を考える際には重要であろう。つまり一方で、手紙文例集という側面を、日本の往来物は最後まで失わなかったのも確かなのである。この点は、読み書き教育の歴史において、きわめて日本的な特質である。

こうして、往来物が、この国における読み書き教材の基本的な形式となっていったが、近世期になると、往来物はさまざまな変容を来しながら、さらなる隆盛をみることとなる。次章においては、近世における往来物の隆盛とその変容過程について考察することにしよう。

第三章　往来物の隆盛と終焉

近世社会と往来物

近世から明治初期にかけての時代は、往来物の最盛期であった。それまでに成立していた古往来に加え、無数の往来物が編纂・出版されるようになっていった。いったい何種類の往来物が編纂されたのか、今もって正確に数えることができないほどである。父・石川謙と親子二代にわたって往来物を研究されてきた石川松太郎は、『往来物分類目録並に解題 第一集 古往来(一)』(一九八六年)において、現在に残されているものだけで、七〇〇〇種類にものぼると書いている。いまも、往来物について言及する場合には、「七〇〇〇種類ともいわれる往来物は……」と切り出されるのが常套句となっている。しかし実際には、その後も続々と新種の往来物が発見されている。石川は二〇〇四年、往来物の収集家である小泉吉永のインタビューに対し、「恐らく優に一万は超えてしまうだろう」と答えている（小泉吉永主宰のホームページ「往来物倶楽部」より）。その数は、いまも着々と増えつつあるといってよいのである。これほど夥しい数の文字教材が開発された例は、世界にもあまりないのではないかと思われる。往来物は、前近代日本における文字習得の基盤であり続けたといってよいだろう。「往来する手紙文」に由来する往来物が、これほど長きにわたり、しかも多種多様な展開を遂げて、文字教材としてあり続けてきたというのは、じつに驚くべきことである。

膨大な往来物を分類する試みは、これまでにも幾度かなされてきた。収集状況や分類基準によって、その結果は大きく異なるものとなる。ここでは、もっとも長きにわたって往来物の収集と研究をおこなってきた石川謙の分類を紹介しておくこととしよう。

石川謙は、『日本教科書大系 往来編』において、次の一〇種類に往来物を分類している。①古往来、②教訓科、③社会科、④語彙科、⑤消息科、⑥地理科、⑦歴史科、⑧産業科、⑨理数科、⑩女子用。

①古往来のみは、編纂された時代に基づいて分類されたものであるが、それ以外は、基本的に収録されている教材の内容によって分類されている。なお⑩は、女子向けの往来物であり、教訓型、消息型、社会型、知育型、合本型などのさまざまな内容のものが含まれている。これらは一括して女子用往来物と称されているが、平仮名を主体として散らし書きを用いるなど、男子用とは大きく異なった構成となっている。一二〇〇種以上の女子用往来物が確認されているという（天野晴子『女

子消息型往来に関する研究』)。近世期においても、読み書きの世界は、男子と女子とで大きく異なっていたのである。

社会科、地理科、歴史科などといった名称は、今日の学校で使用される教科書を想起させるが、実際の内容は、現在の教科書とは大きく異なる。たとえば石川が社会科のなかの「社会型」と分類している往来物の代表的な作品は、享保二年(一七一七)に刊行された『世話千字文』である。同書の一部を紹介すれば、次のような語彙集となっている(振り仮名および返り点などを省略した。また異体字は正字に直した)。

鳳暦賀慶、御代泰平、何国静謐、自他幸甚、市店交易、廻船運送、荷物米穀、駄賃員数、勘定算用、商売繁昌、富貴栄耀、境界歓楽、益殖利息、弥貯金銀、普請成就、結構満足、新宅徙(徙)移、先以安堵、父母隠居、譲与財宝、家督相続、(中略)仁政恵民、農業豊饒、百姓倶祝、千秋万歳。

ご覧のとおり四字一句の語彙集であり、二五〇句からなる。総計千字で構成されるところから「千字文」と題されている。もともと『千字文』とは、中国六朝時代の周興嗣(しゅうこうし)(四七〇頃~五二一)の編纂とされる初歩教材である。「天地玄黄　宇宙洪荒」などのように、四字一句、二五〇句、繰り返しのない千字からなる詩集である。『千字文』は日本にももたらされ、これに倣った往来物が多数編纂された。『世話千字文』も、そのひとつである。社会の仕組みや構造などについての科学的な認識の形成を目指すようなものではなく、近世の日常的な生活世界に登場する種々の事物や出来事等についての語彙を習得させることが目的となっている。

庶民用文章型往来物

近世往来物のうち、古往来以来の手紙文の範例集としての性格を継承したのは、⑤消息科と呼ばれる往来物である。近世期になると、手紙文に加え、私用・公用の各種文書の文例集が発達する。石川松太郎は、これらの往来物を「用文章型」往来物と名づけ、対象となる身分ごとに「武家用文章型」「庶民用文章型」などに分類している（『日本教科書大系 往来編 第八巻』）。

庶民用文章型では、借金証文をはじめとする各種証文類や手形、奉公人請状など、近世の民間社会において流通していた文章や、役所に提出する公用文章などの文例集も編纂されるようになる。そのひとつが、寛政六年（一七九四）に刊行された『万手形案文』である。これは「商家必用」の角書を有するように、商人が取り交わす種々の文例を収めたものである。「預り証文之事」「家質証文之事」「御屋鋪借用証文之事」「田地売券状」「奉公人請状之事」「預り手形之事」など、三五の文例から構成されている。きわめて実用的な往来物といえる。このうち、預り証文の例を示してみよう

（振り仮名を変更した）。

預り申銀子之事

一　合銀何拾何貫目也

右之銀子慥ニ預り申処実正也。其元御入用次第、何時ニ而茂急度返済可致候。為後日預り証文依而如件

何屋何兵衛

年号月日

何屋何左衛門殿

銀いかほどかを確かに預かった、あなたが必要となった際にはいつでも返済する、後日のため、このとおり証文を交わす、という文面である。金額や名前の部分に具体的な記述をすれば、そのまま文書ができあがることとなる。まさに文書作成マニュアルそのものといってよいだろう。

農民向けの『農家用文章』というものもあった。同じように、農民が取り交わす文書の文例集である。『往来物解題辞典』によれば、文化四年（一八〇七）に江戸の花屋久治郎（久次郎か）が刊行したものであるが、このほかに江戸の和泉屋金右衛門板もあった。国文学研究資料館の国書データベー

スに登載される和泉屋板の『農家用文章』には、「年始状附り農具修復之事」「種籾之事申遣状」「宗旨人別申遣状」「洪水荒所書上申遣状」「御領主御入部ニ付廻状」など、農民が作成する可能性のある種々の文例が収録されている。

これらこそ、往来物の本来的な姿であるといってもよい。近世期の往来物は、文例集の枠組みを超えて、地理や歴史などの知識を教える教材へと拡張されていくが、以上のような、いわば往来物の本流とでもいうべき書籍群もまた作られ続けたのである。そして明治期になると、この用文章型往来物はさらに独特な展開を遂げるのであるが、それについては後に触れることとしよう。

地理科往来物

近世往来物のなかで、もっとも隆盛をみたのは、地理科の往来物であったといってよいだろう。『日本教科書大系　往来編　第九巻』が刊行された一九六七年の時点で、すでに九〇〇種の地理科往来物が確認されていたという。その後も続々と新種の地理科往来物が発見されている。地理科の場合には、とくに各地方においてローカルな地理に関する往来物が盛んに編纂されたので、その数は夥しいものになると思われる。第二章で、「名がしらと江戸方角と村の名と商売往来これでたく山」という俗謡を紹介したが、以上のうち、「江戸方角」と「村の名」は、いずれも地理科往来物である。地理に関する語彙と知識が、往来物のなかでいかに重要であったかが、ここにも示されているといえる。

「江戸方角」は、千代田城を中心にして一一の方角ごとに、江戸の町名や神社仏閣の名称を書き連ねたものである。万延元年(一八六〇)の山田屋庄次郎板からその一部を紹介すれば、下記のようなものであった(適宜、句読点等を補った。また振り仮名を変更した)。

御城外、東者(は)、和田倉・八重洲河岸・龍之口(たつのぐち)・呉服橋・日本橋・堺町・杉森稲荷・鎧渡(よろいのわたし)・霊巌嶋(れいがんじま)・新田嶋・永代八幡・三十三間堂・洲崎弁天・深川霊巌寺・南本所・小名木川(おなぎがわ)・五百羅漢。辰巳之方、日比谷御門・鍛冶橋・八町堀・木挽町・正一位稲荷・鉄砲洲・築地門跡・芝口・金杉・浜御殿・佃島。南者(は)、霞ヶ関・虎御門・江戸見坂・天徳寺・愛宕・西久保八幡・金地院(こんちいん)・神明・烏森稲荷・増上寺(中略)。関東道、六町壱里而(にして)、凡三十里四方之間、六十余州之群衆、誠日々富貴繁栄而、万歳之春、不可有際限候(さいげんあるべからずそうろう)。恐惶謹言(きょうこうきんげん)。江戸方角終。

いかがだろうか。夥しい地名や社寺名などが列挙されており、内容的には地理に関する教材となっているが、ただそれらが列挙されているだけである。現在の地理の教科書とは、大きく異なることがわかる。それでも、これらの語彙をあらかじめ学習しておけば、江戸を歩くには随分と重宝したことだろう。文末に、「恐惶謹言」の語が据えられていることも特徴的である。本文は手紙文とはまったく無関係であるにもかかわらず、文末だけでも手紙文に近づけたものであろう。ここには、大きな変容を被りつつも、往来物をあくまでも手紙文例集に位置づけようとする意図が垣間見られて興味深い。

種々の語彙を列挙した往来物を、石川は「語彙科」に分類しているが、それ以外に分類される往来物においても、中間に夥しい語彙を列挙したような往来物は多い。膨大な数の語彙を学ぶことが、往来物においてはきわめて重要視されたといえる。往来物の最大の眼目は、手紙文をはじめとする種々の文書を作成できるようにすることにあるが、そのためには、候文に習熟することと並んで、語彙を習得することが必要であっただろう。その意味では、往来物は、読み書きのための教材としての性格を基本としつつ、同時に、それらの語彙そのものについての知識をも教育しようとするものであったといえよう。

地域往来物のヒット作『道中往来』

往来物と現在の教科書との、もうひとつの顕著な違いは、現在の教科書が、いくつかの教科書会社が大部分の教科書を寡占的に発行しているのに対し、往来物の場合は、全国各地でじつに多様なものが編纂されたというところにある。文部科学省も学習指導要領もない時代であったし、もちろん教科書検定などもなかった。三都(江戸・大坂・京都)の版元だけでなく、全国各地で、じつにさまざまな往来物が編纂された。

仙台の書肆、伊勢屋半右衛門が板行した『道中往来』は、このようなローカルな往来物のなかでも、きわめてよく普及した往来物であった(図3-1)。『長町歌』と題する同一内容の写本が文化一〇年(一八一三)にすでに存在し、文化一三年(一八一六)に伊勢屋半右衛門が板行したほか、天保四年(一八三三)の版本も知られている(『往来物解題辞典』より)。仙台城下で写本として流布していたものが、後に板行されたものと思われるが、重版が出るほどの普及ぶりを知ることができる。

図は、国文学研究資料館の国書データベースに掲載される『道中往来』で、文化一三年、伊勢屋半右衛門の板行である。その本文の一部を、以下に掲げてみよう(振り仮名を変更した)。

長町や中田乃馬を増田までもの岩沼に槻木の土手
船迫こひしき人に大河原かわらぬいろをちきる金ケ瀬
宮たちはさも白石の鐙越犀川なれと越河の関
とおせ馬士貝田ときけと藤田まて桑折もかろし瀬の上もよし
福島は名どこなりけり根子町を若宮なれとぢゝ(爺)がたく(炊く)やと
濁さけ八丁の目は二本柳油井立つれとも足はよろよろ
二本松に杉田るもの八本宮の女乃唄の声は高倉

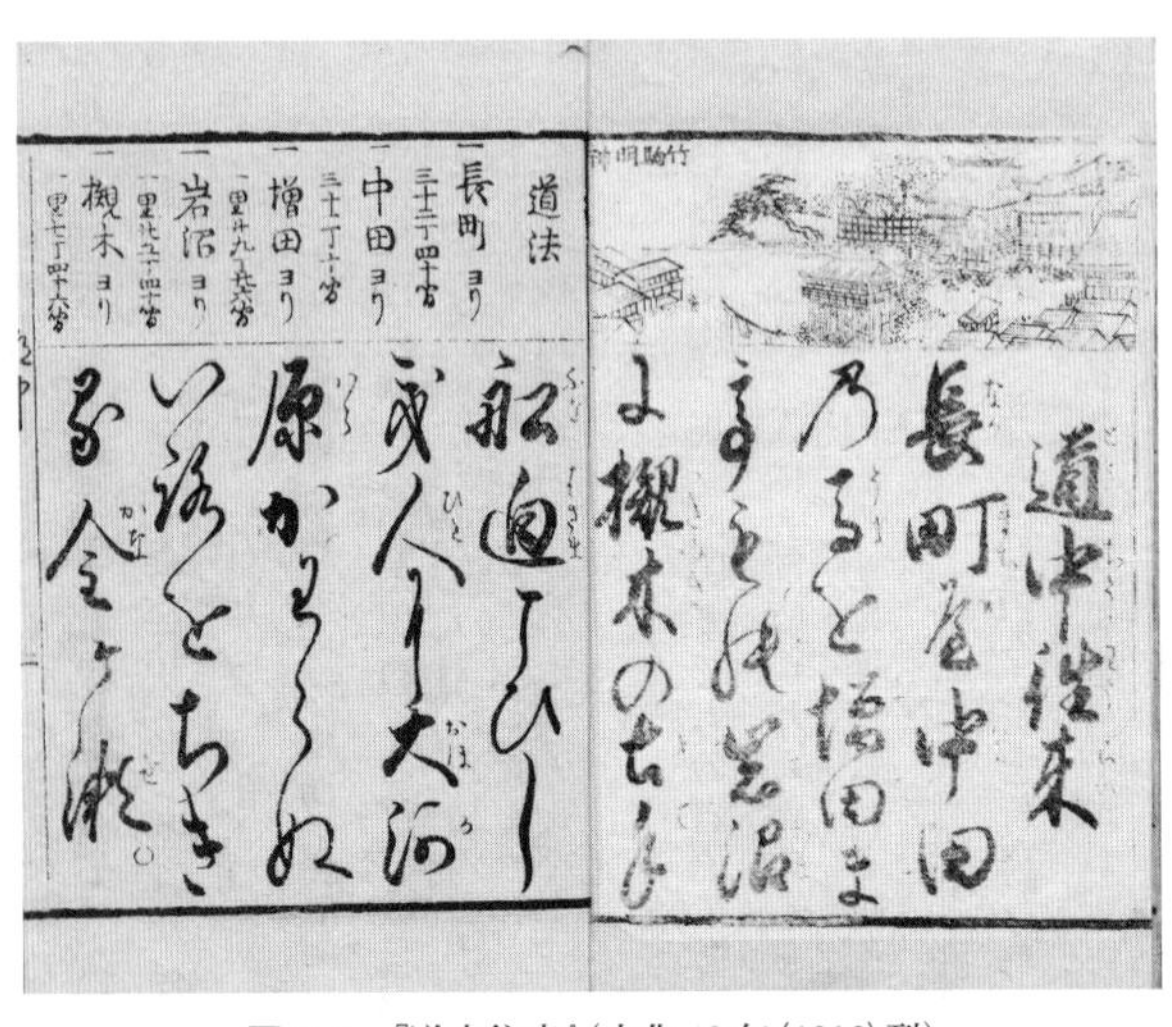

図 3-1　『道中往来』(文化 13 年〈1816〉刊)

（中略）

小山さり儘田（ままだ）そたち乃野木やらう古河しこ
そうな馬の追振（おいぶり）
きふ（今日）乃日も中田てひまを栗橋や幸手（さって）
杉戸ときけば御泊
粕壁（かすかべ）ときくもかゐなきかたくちににこり酒
とて笊（ざる）て越谷
草加もし千住乃ちかひあさからぬ浅草川の
すえは深川

ご覧のとおり、基本的に五七五七七の韻律で書かれており、長町（宮城県仙台市）から、深川（東京都江東区）までの行程が、調子よく詠み込まれている。途中、「もの岩沼に」（もの言わぬ間に）、「杉田るものハ」（過ぎたるものは）などのような、いくつもの言葉遊びが凝らされており、これらを楽しみながら、途中の宿駅名を覚えられるという趣向である。

この『道中往来』は、宮城県教育会編『宮城県郷土読本』(一九三八年)にも掲載されているほか、『宮城県百科事典』(一九八二年)、高倉淳『仙台藩道中物語』(一九九七年)などにも紹介されており、江戸時代を遠く隔て、今日においても、少なからぬ宮城県民の知るところとなっている。じつに、地域往来物の代表的ヒット作のひとつといってよいだろう。

穏当ならざる往来物『直江状』

いっぽう近世往来物のなかには、はなはだもって穏当ならざる内容のものもある。あの江戸時代に、このようなものが編纂・発行されていたのかと、そう思われるような往来物もあったのである。『直江状(なおえじょう)』はその代表作といってよいだろう。

直江状とは、関ヶ原合戦の前夜ともいうべき政治状況のなかで、上杉景勝(うえすぎかげかつ)の家臣であった直江兼続(なおえかねつぐ)が、再々に上洛を求める徳川家康方に対して出した書状とされている。この書状が、そのまま往来物となったものである。直江の書状は、徳川に対しいささかも恐れるところなく、むしろきわめて挑発的であった。このため、これをみた家康は激怒して、上杉家討伐を直ちに決意、早速会津へと出兵する。ところが、この機をうかがってでもいたかのように石田三成が挙兵する。家康は、急遽会津からとって返す。徳川の支配を決定づける関ヶ原の合戦が、こうして起こるわけである。

このようにみてくると、直江状は、戦国末期の命運を決する歴史的経過のなかで、特異な光芒を発するものであることがわかる。

直江状はもともと、西笑承兌（さいしょうしょうたい）という僧侶にあてて書かれたものとされている。承兌は、徳川家康のブレーンであり、直江兼続とも文化的な交流の深かった人物でもある。その承兌が、慶長五年（一六〇〇）、兼続にあてて次のような手紙を出している。景勝の上洛が遅延していることを家康は不審に思っている、ほかにも種々の噂があり、このままでは上杉家滅亡の危機である、直江殿が主君の景勝に意見をして、不審を払拭しなくてはならない、景勝に下心がないというのであれば、すぐに誓約書を出すべきである、上方では上杉が武具を整え道や橋を整備しているといったことまで取り沙汰されている、一刻も早く上洛すべきである、今や上杉家興廃の境であるから、よくよくこのことを思案すべきである。

承兌の以上の手紙に対して兼続が反論を加えたとされるのが、直江状であった。それによれば、上杉に徳川への逆心は毛頭なく、武具を集めたり道を開いたりしているのも、通常の備えに過ぎない、誓約書などはすでに何通も出している、それを反故にされたというのなら、これ以上どうして出す必要などあるだろう、上杉に逆心があるのかどうか糾明するというのなら、そのように讒言（ざんげん）する者と対決させてほしい、それをしないというのなら、家康様にこそ「表裏」がある（嘘をついている）といわなければならない、当世の乱れた風潮と上杉の家風は異なるのだ、景勝が間違っているか、あるいは家康様に表裏があるのか、いずれ世の評判が決めるところとなるでしょう。

いかがであろうか。きわめて不穏当な内容であることは明らかである。あたかも戦争を挑発しようとでもしているようである。直江兼続が本当にこのような書状を送ったのかどうかは、わからない。同時期に、家康が兼続から送られた書状をみて激怒したということ自体は事実のようであるが、このときの書状が直江状であったのかどうかは、わかっていない。一定の事実関係をもとに後世の人が創作したのだろう、というのが大方の見立てである(宮本義己「〝直江状〟の信憑性」)。『往来物解題辞典』においても、直江兼続の手紙を装った往来であり、家康の命を受けた承兌と兼続との間で交わされた書状に仮託して書かれたものとされている。一般的な理解といえる。ただし、書かれている内容が実際の事実関係ともよく合致することから、少なくとも本体部分は実在したものだったとする研究者もいる(笠谷和比古『関ヶ原合戦』『関ヶ原合戦と大坂の陣』)。

直江状が創作されたものか、それとも実在した手紙と同じものだったのか、興味の尽きない問題ではある。しかし、『直江状』が往来物として普及していたこと自体は、議論の余地のない事実である。しかもそれは、書写されただけでなく出版されてもいたのである。東京大学総合図書館の『直江状』は、承応三年(一六五四)に、中村五郎右衛門によって開板されたものである(東京大学総合図書館ホームページ上で画像を見ることができる)。また、寛文年間に板行された『和漢書籍目録』をはじめとして、当時の多くの書籍目録にも、「往来」の分類で『直江状』が挙がっている。一七世紀後半から、歴史系の往来物として、その存在をよく知られたものであったと考えてよいだろう。徳川家への冒瀆を堅く禁圧していたという、江戸時代の一般的なイメージからすると、これは随分意外な感じを受けるのではないだろうか。

じつは、同じように家康に対する侮辱的表現を有する往来物がほかにもある。『大坂状』である。これは、大坂冬の陣において、家康から豊臣秀頼に遣わした手紙とそれに対する秀頼の返書の二通に仮託した往来物である。家康からの手紙には、秀頼が家康に同心しようとせず、剰え多くの浪人を抱え籠城の用意をしているとの聞こえがあること、先年には、秀頼の下知で石田三成の逆心を励ましたこと（すなわち関ヶ原の戦い）などもあり、秀頼を討ち果たすべきであったところを、太閤様への報恩もあるので、命を助けたものであるにもかかわらず、このたびこのような謀反を企てたこと、これらは蟷螂の斧を以て立車（隆車）に向かうようなものであり、たとえ籠城しても、直ちにこれを踏み落とし秀頼の頸を伐ることになろう、と記されている。

これに対して秀頼は、そのような無理難題はいささかも承引することはできない、秀頼が逆心を有するようにいっているが、幼少の身にてなぜ別心など持ちようがあるだろうか、家康の「表裏侍」（嘘つきの侍）ぶりは前代未聞のことであり、いつしか厚恩も忘れ、秀頼に一国も与えず孤子となし討ち果たそうと謀っている、是非もないことである、もはや秀頼は一国一城に日本を引き受け、腹を切る覚悟であり、仏神三宝がその願いを聞き入れるなら、将軍父子の命はないことだろう、な

ど と記している。

大坂の陣前夜の攻防をたくみに表現したものといえる。ここでも、家康が「表裏侍」と呼ばれていることは、『直江状』と同じであり、興味深い。いかに秀頼の言として書かれたものであったとしても、これはきわめて不穏当であったと思われる。『往来物解題辞典』によれば、『大坂状』は寛永二年(一六二五)書写の『古状揃(こじょうそろえ)』にすでに含まれているという。江戸期のかなり早い時期に成立していたことがうかがわれる。また寛文九年(一六六九)以前に出版されたもののほか、刊行者不明版も多数あるという。上述の国書データベースには、単体の『大坂状』だけでも、多数の書誌が掲載されている。『大坂状』は、単体のものより『古状揃』に収録される場合のほうが多かったから、その出版点数はかなりの数にのぼると思われる。よく普及した往来物のひとつであったといってよいだろう。

百姓一揆の直訴状も往来物に——寛永白岩一揆

不穏当な往来物という点では、『白岩目安(しらいわめやす)』の右に出るものはないだろう。百姓一揆の直訴状(目安)が往来物として広く各地に流布した事例である。直訴状は、寛永白岩一揆と呼ばれる事件において、百姓が幕府に提出したものであった。この往来物については、拙著で詳述しているので(八鍬友広『近世民衆の教育と政治参加』『闘いを記憶する百姓たち』など)、詳しくはそちらを参照いただくこととして、ここでは、その概要のみを紹介しておこう。

白岩一揆は、『角川日本史辞典』にも項目が立つほど著名な、江戸初期の一揆である。白岩郷（現在の山形県西村山郡西川町と寒河江市の一部）の百姓らが、寛永一〇年（一六三三）、領主酒井長門守忠重の非法を訴え、幕府に直訴状を提出したことに端を発し、寛永一五年（一六三八）、おもだった百姓三六名が磔刑に処されて終焉する。三六名の磔というのは、近世の百姓一揆においてもあまり例のない過酷な処罰であった。三六基もの十字架が並ぶ様を想像すると、空恐ろしいものがある。当時の人々にも衝撃をもって受けとめられたことだろう。

白岩の百姓らが提出した直訴状は、二三カ条にわたり、長門守の非道な統治を告発している。その内容は多岐にわたり、きわめて長文である。訴状によれば、長門守は前代の領主に比して大幅な増税をおこない、年貢未進（未払い）となった百姓を成敗（殺害）したほか、安値での米の押し買い、高値での米の押し売りなどをした。また押し売りされた米代を払えない百姓の妻子を水責めにした。高値に堪えかねて他領から米を仕入れた百姓も成敗した。百姓の私的な使役や、労賃の未払い、百姓女房の城内への軟禁など、悪行は枚挙に遑がない。これらにより、飢え死にしたり逃亡したりする百姓は絶えず、このままでは白岩郷は亡びてしまう、というのである。これが本当なら、時代劇にでも出てきそうな、典型的な悪領主といってよいだろう。

統治者としての長門守の資質に加え、白岩郷は構造的な問題も抱えていた。前代からの慣行により、石高の粉飾がなされていたのである。白岩郷の石高は八〇〇〇石とされていたが、前代までは、このうち二二〇〇石があらかじめ控除されていたのである。つまり、実高としては五八〇〇石程度の石高しかなかったということになる。このあたりの経緯については、長年にわたって白岩一揆を研究されてきた渡辺為夫が明らかにしている（渡辺為夫『寛永白岩一揆』）。将来の領地替えに備え、現在の石高を過大に見積もり、実際の納税にあたっては大幅な控除をするということが、白岩郷を含むこの地域では横行していたのである。ところが、長門守入部以後は、このような控除が一切認められないこととなった。それどころか、一石について八升（つまり八%）の増税さえなされたのである。この結果、年貢は五〇〇〇石を超えた。これは、実高五八〇〇石の大半にあたり、このような年貢が課されれば、飢え死にするほかないという百姓らの訴えは、決して誇張とはいえないだろう。

以上のような状況のなか、白岩の百姓らは、当時派遣されて各地を巡検していた幕府巡検使に対し、七度にわたりその実情を訴えた。しかし取り上げられることはなかった。そこでやむを得ず、江戸に上り幕府に直訴することとなったのである。これを察知した長門守側に捕縛される百姓もあり、その渦中に死亡する者もあった。多くの犠牲を払いながら直訴は決行された。そしてついに、寛永一五年、長門守は罷免となり、白岩郷は幕領となったのである。

長門守という特異な領主が排除されたことは、白岩の百姓たちにとっても一定の前進であっただろう。しかしながら、過大な石高への課税という、百姓らにとってもっとも深刻な問題は解決しなかった。おそらくはそのためであろう、寛永一五年になっても、一揆がやむことはなかった。むしろ、訴願に中心を置いたそれまでの闘争から、実力行使をともなうものになっていったと思われる。この時の状況は、当時の山形藩保科(ほしな)家の『家世実紀(かせいじっき)』に、「反逆同前之体」であったと記されている。事態はもはや代官の手に負えず、保科家が問題に対処することとなった。保科家は、百姓らの願いを聞き届ける風を装って、おもだった百姓らを山形に誘導し、これらを捕縛すると、直ちに極刑に処したのである。こうして白岩一揆は、三六名の処刑という、凄惨な結末を迎えることとなるのである。

それでもなお百姓らは諦めなかった。寛文一三年(一六七三)、白岩郷を含むこの地域の幕領の検地がおこなわれると、白岩村などの代表が、かねてからの石高過剰問題について、代官所に訴状を提出している(『寛永白岩一揆』)。訴えはようやく認められ、一二〇〇石以上の不足高と、その控除が正式に決定されたのである。寛文一三年検地帳に、明確にそのことが記載されるに至った(『寒河江市史編纂叢書 第二九集』)。

こうして、酒井長門守忠重という領主の排除、および白岩地域の構造的問題の解消が、ようやく実現したのである。

往来物であることの証明

酒井長門守を告発するこの二三カ条の直訴状は、その後、往来物となり、『白岩目安』『白岩状』など、さまざまな名称で各地に普及していく（図3-2）。三六人もの処刑者を出した一揆の直訴状が、子ども用の（子ども用ばかりではなかっただろうが）読み書き教材として流布していったということである。当然ながら、こんなことは、そう簡単に信じられるものではない。とりわけ、ある時期までの日本史研究においては、百姓による越訴（所定の手続きを経ないで訴状を提出すること）や直訴などは、きわめて違法性の強い行為であり、厳罰の対象となっていたとする考えが一般的であった。ましてや、多数の処刑者を出したような一揆で提出された訴状となれば、そんな不穏当なものが、幕藩体制の下で読み書きのための教材とされるなどあり得ない、と受けとめられるのも無理なかった。

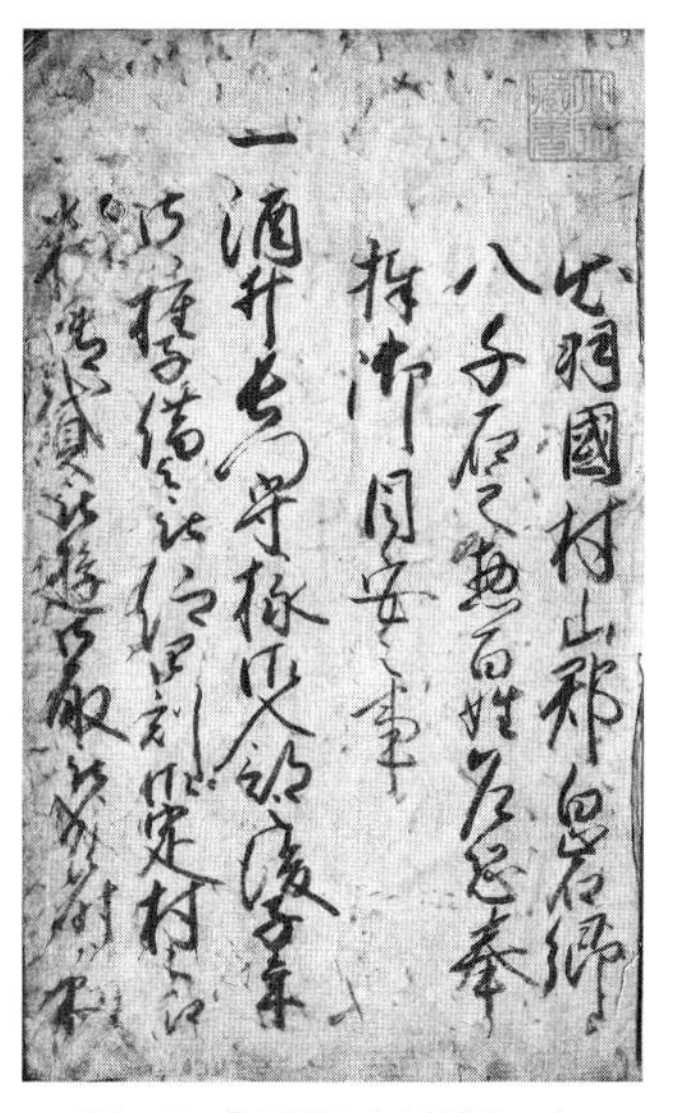

図3-2　『白岩目安』（延宝4年〈1676〉）

しかし、「白岩目安」は、まぎれもなく往来物となっている。本書でしばしば引用している『往来物解題辞典』にも、「白岩状」の項目が立てられている。往来物である具体的な証拠の数々についても、先に示した拙著をご参照いただくこととして、ここでは、そのもっとも明確な根拠となる事例をいくつか紹介しておこう。

まずは、島崎本。これは山形市在住の島崎さんという方が収集した「白岩目安」であることから、筆者がそのように呼んでいる本である。見返しに「白岩目安写」とする内題が記され、右下に「古槇村　青野吉三郎」の記載がある。見返しの裏面には「正徳元年」と記されている。「白岩目安」本文の後に、「むらさきの色よりあかきよの中に長門は恥を杜若哉」という歌が記され、「正徳元年卯霜月」の記載がある。偽りのない世の中になって、長門守は恥をかくこととなった、という意味であろう。

以上から、同書(あるいはその元本)が正徳元年(一七一一)に青野吉三郎なる人物によって筆写されたものであることがわかる。古槇村は、現在の山形県西村山郡朝日町大字古槇であり、白岩一揆の起こった白岩郷からも遠くない地域である。青野吉三郎がどのような人物かは不明である。

同書の奥付には、多数の書き込みがある。「柏倉村枝郷高木住人小松勘四郎倅子之助」「此主勘介」「勘介用之」などである。また「天保二年」の書き込みもある。これらから、同書が柏倉村枝郷高木の住人小松勘四郎の倅である子之助および勘介などが、天保二年(一八三一)に学習していたものであることがわかる。高木は、現在の山形県山形市高木であり、古槇からは、現在の道のりで二〇キロメートル弱の距離である。古槇の青野氏から高木の小松氏へとなんらかの理由により伝来したのものか、あるいは写本に記されていた正徳元年等の記載を識語としてそのまま筆写したものなのか、現時点では不明である。

この本が往来物であることは、きわめて明確である。というのは、「義経状」と合冊されているからである。「白岩目安写」に続いて「よしつねじやう」つまり「義経状」が収録されているのである。「義経状」とは、一般には「義経含状(ふくみじょう)」と呼ばれているものであり、著名な往来物である。源義経がその最期の際に、口に書状をくわえていたことから「含状」とされている。このような著名な往来物と合冊されていることから、「白岩目安」もまた往来物として学習されていたことが確認できる。

ところで「義経含状」は、単行本のほか、『古状揃』という往来物のなかに収録されるかたちでも普及していた。『古状揃』とは、その名のとおり、古い書状を揃えたものである。このなかには、先に記した「直江状」や「大坂状」のほか、「腰越状」「直実状(なおざねじょう)」「道灌状(どうかんじょう)」など一二の古状が収録されている（『往来物解題辞典』より）。「義経含状」もそのひとつであった。つまり『古状揃』とは、源義経や熊谷直実といった著名な英雄が記した書状に仮託して、歴史的な物語を教える教材だったのである。島崎本が「白岩目安写」とともに「義経状」を合冊しているということは、「白岩目安」を、「義経状」と同様に一種の「古状」とみなしていたのかもしれない。源義経のような著名な歴史的人物と並んで、ここでは、白岩の百姓たちが、物語の主役として位置づけられているわけである。往来物「白岩目安」は、その意味では、民衆自身が歴史的な登場人物として描かれた教材でもあったといえよう。

同様に、著名な往来物と合冊されている例がほかにもある。山形県立博物館教育資料館の所蔵する「白岩目安」である。この本は、「物嗅状(ものぐさじょう)」「干支」「春夏秋冬」「東西南北」「江戸御条書之写」「白岩目安之事」の順に教材が綴じられている。以上のうち、「干支」「春夏秋冬」「東西南北」は、初学者用の頻出教材である。冒頭に載せられている「物嗅状」は、「物臭状」のことである。元禄一〇年(一六九七)以前の成立であり、「其京ニ見苦鋪事荒々語而為聞申」(京都の見苦しい人について荒々語って聞かせる)で始まり、物臭者の様子を記した往来物である(『往来物解題辞典』より)。以上のように、本書は総合的な教材となっており、このなかに「白岩目安之事」が収録されていることは、「白岩目安」が往来物として学習されている明瞭な証拠である。

このほか、「白岩目安」が往来物となって流布したものであることを示す種々の証拠があるが、それらについては、前述の拙著を参照いただきたい。

「目安往来物」というジャンル

「白岩目安」は、現在の山形県を中心として、各地に広く流布していくこととなる。これまで筆者が確認し得た「白岩目安」は六〇本以上にのぼる。その数は今後も増えるだろう。写本は、さまざまな形態で残されており、必ずしもすべてが往来物というわけではない。一般的な写本として記されたものも含まれている。しかしながら、確認できたもののうち半数以上は、種々の特徴から往来物であったとみられる。裏返せば、往来物として普及したことが、「白岩目安」がこれほどまでに広く流布した主要な理由でもあったと考えられる。

現時点で確認される「白岩目安」の伝来地域は、山形県、秋田県、岩手県、福島県に及んでいる。地域不明のものも相当数あるが、これらの多くは山形県内において流布したものと思われる。当然のことながら、一揆の起こった白岩郷付近(山形県西村山郡地域)に多く残されているが、山形県内の広い地域において写本の伝来を確認することができる。また、山形県を越え東北地方に広く流布している様子もうかがうことができる。すべて筆写により普及したものであり、現時点で、板行された「白岩目安」は確認されていない。内容的にみて、さすがに出版はされなかったものと思われるが、手写本の普及としては、かなりの規模だといってよいだろう。

諸本に記された筆写年をみると、筆写は延宝四年(一六七六)から明治一〇年(一八七七)まで、途切れなくおこなわれている。おそらくは、一揆の直後から筆写され始めたのであろう。元禄一五年(一七〇二)には、すでに秋田県における筆写が確認され、かなり早期から広域的に流布していたことがわかる。

さらにおもしろいのは、普及の過程で、「白岩目安」が次々と新たな往来物を生み出していったと考えられる点である。「白岩目安」普及地域に、別の目安往来物が成立し、その流布範囲にさらにまた別の目安往来物が成立するといった、目安往来物の伝播がみられるのである。厳密にいえば、これらの直接的な関係をすべて立証することは困難であるが、地域的な重なりと、目安を往来物にするという共通点からみて、以上のような普及の連鎖は、「白岩目安」を起点とする伝播によるものであったと考えられる。

これまで確認された目安往来物には、次のようなものがある（なお、以下に述べる各往来物の名称は筆者が便宜的に付したものであり、実際の写本にはさまざまな表題が付されている）。まず「白岩目安」が多数流布している山形県では「小国目安」がある。寛文五年（一六六五）、出羽国小国郷（山形県西置賜郡小国町）の百姓らが代官の排斥を求めて米沢藩に提出した目安である。また、「白岩目安」が複数流布している岩手県でも、「松川目安」が成立している。延宝三年（一六七五）から同五年にかけて、陸奥国岩井郡東山松川村（岩手県一関市）で起こった松川一揆において、仙台藩に提出された目安である。以上は、いずれも百姓一揆にかかわる目安が往来物となった事例である。

他方、同じように「白岩目安」が複数流布している福島県内では、「白峯銀山目安」が成立している。これは、寛永一九年（一六四二）、越後国八海山域の上田銀山（新潟県魚沼市奥只見湖中に水没）の帰属をめぐる争論において、会津側百姓が幕府に提出した訴状、およびこれに対する越後側の返答書からなる目安である。上述の二例とは異なり、地域間の争論に関する目安である。福島県内では、このほか、「玉野目安状」も成立している(八鍬友広「近世日本における訴状を教材とする読み書き学習」)。正保三年(一六四六)、霊山町の所領をめぐる米沢藩百姓との争論において、玉野村(福島県相馬市)から出された目安である。福島県内では、このように、一揆目安ではなく、複数の争論目安が往来物となっていたのである。

ところで、「白峯銀山目安」は、福島県だけではなく、新潟県側にも流布している。争論の当事者となる村々が、現在の福島県と新潟県の両方にまたがって存在していたからだと思われる。新潟県では、この「白峯銀山目安」の流布地域に近接して、「羽倉目安」が成立し多数流布している。これは、越後国魚沼郡羽倉村(新潟県中魚沼郡津南町)と信濃国水内郡森村(長野県下水内郡栄村)との間に起こった境界争論(信越国境争論)において、寛文一二年(一六七二)、羽倉村が幕府評定所に提出した訴状、およびこれに対する森村返答書からなる目安である。この目安往来物は、長野県内にも流布していることが確認される。

新潟県内では、信濃川中州の帰属をめぐる新潟町と沼垂町(いずれも新潟市)の争論において、元禄一〇年(一六九七)に、両町から幕府に出された訴状もまた往来物となっている(「新潟目安」)。

近年、新潟県内で、さらに別の目安往来物が発見された。それが「宇右衛門目安」である。これは、寛政三年(一七九一)、六日町組宮村(新潟県南魚沼市)の百姓宇右衛門が、会津藩陣屋設置による負担増について奉行所に訴えたものである。争論目安だけでなく、一揆目安もまた、新潟県内において往来物となっていたのである。なおこの「宇右衛門目安」は、前述した「羽倉目安」と合冊となっており、同写本が往来物であることを端的に示していると同時に、目安を往来物とする手法の伝播の過程を明確に示すものとして注目される。

新潟県内には、「小千谷目安」と題される写本の流布も確認されている。これも「羽倉目安」と合冊される事例が確認されており、往来物であることが確実である。寛延元年(一七四八)に、越後国魚沼郡小千谷村(新潟県小千谷市)の百姓市郎左衛門が、幕府評定所にあてて箱訴したものである。新潟県内には、「白峯銀山目安」「羽倉目安」「新潟目安」「宇右衛門目安」「小千谷目安」の五種類もの目安往来物が成立していたのである。

以上のように、「白岩目安」を起点として、その流布地域に次々と新しい目安往来物が成立しているのである。これは、目安を往来物にするという手法が伝播した結果であろう。このような伝播は、「羽倉目安」と「宇右衛門目安」が合冊されている往来物の存在からもうかがうことができる。伝播の結果、ひとつのジャンルを構築していったものと考えられるのである。そこで筆者は、これら一群の往来物を「目安往来物」と呼ぶこととしたのである。

「白岩目安」を起点とする目安往来物は、山形県、秋田県、岩手県、福島県、新潟県、長野県に流布範囲が及んでいる。今後の研究によっては、さらにその範囲は拡大するかもしれない。百姓が書いた訴状が教材となり、これほど広く普及していることは、教育の歴史において、着目すべき事

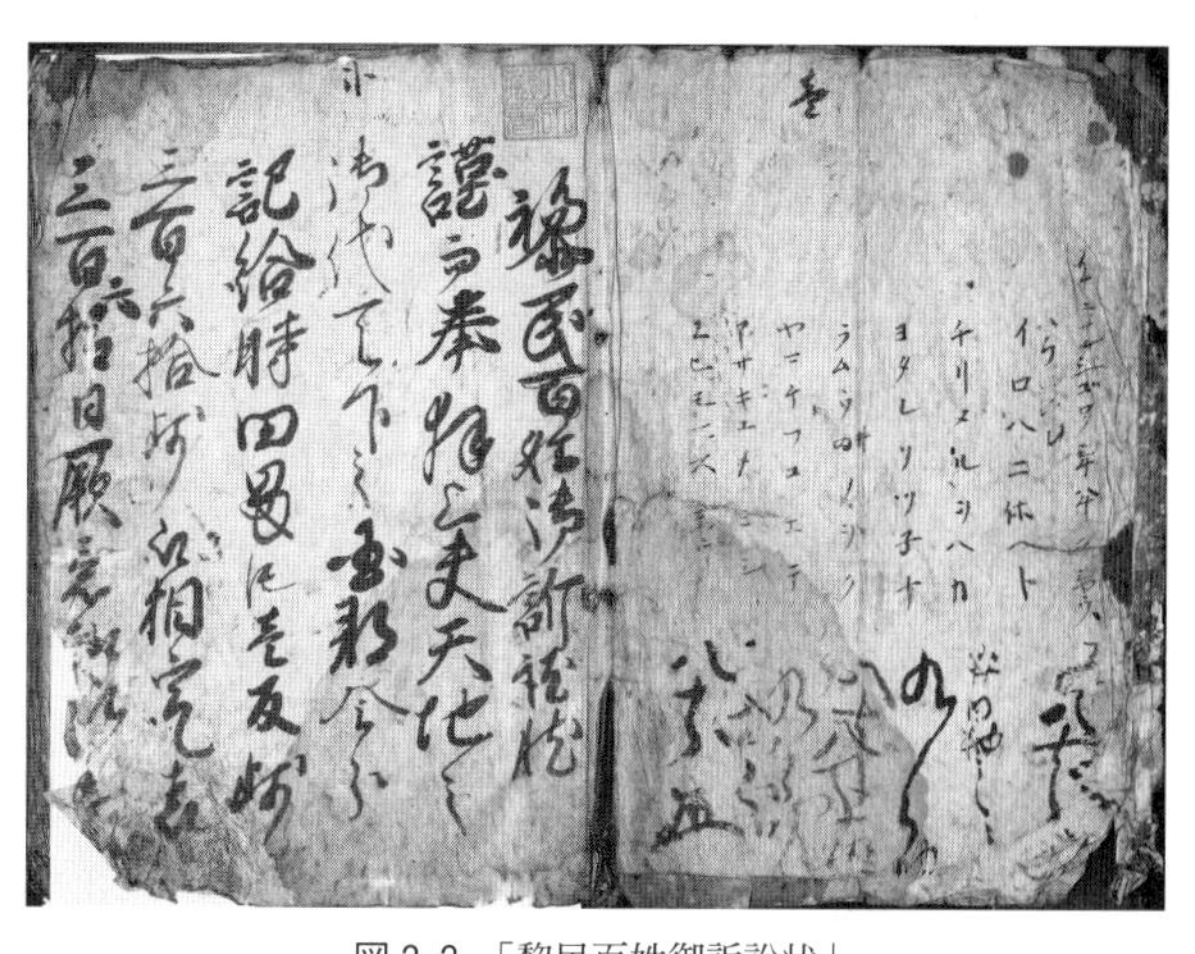

図 3-3 「黎民百姓御訴訟状」

例であるといってよいだろう。

異系統の目安往来物

目安を往来物とする流儀は、あるいはもっと他にもあるのかもしれない。そのことを思わせる事例がある。「黎民百姓御訴訟状」と題する往来物である（図3−3）。これは、以上に述べた「白岩目安」を起点として伝播した往来物とはまったく異系統のものであると思われる。しかし、訴状を往来物にしている点で、これもまた目安往来物のひとつと考えることができる。

図にみられるように、同書は「黎民百姓御訴訟状」とする内題を有している。この訴状は、文禄五年（一五九六）に、武蔵小机都築郡大棚（神奈川県横浜市都筑区）の住人勅使河原が、検地による負担増を郡奉行に訴えた目安で、小泉吉永の所蔵である。同書には、「義経之含状」「童子教」「手習学文教訓之状」「暮戦(ぼせん)之状」「西塔(さいとう)之武蔵坊弁慶最後書捨一返」が収録されている。いずれも著名な往来物であり、この訴状もまた往来物として使用されていたことは明らかである。また図にもみられるように、イロハや人名の落書きもあり、これらは学習者が記したものと思われる。いかにも往来物らしい一冊といえる。

同書にはこのほか、「延宝四年辰之二月十三日　信州上田領内　小井田村九郎助(花押)」、「寛文九年　極月廿一日　八十郎」、「寛文四年　正月廿六日　小井田村　九郎助」などの書き込みもある。以上より、この往来物が、寛文四年(一六六四)から延宝四年(一六七六)にかけて、信濃国小県(ちいさがた)郡小井田(いだ)村(長野県上田市)の九郎助および八十郎などが使用したものであることがわかる。

武蔵国の住人が作成した訴状がいかにして信州まで流布し、また、いずれの段階で往来物となったのか、現時点では不明である。白岩系統の目安往来物との関係という点では、「羽倉目安」が一点長野県内に流布するのを確認できるものの、現時点では両者の関係は乏しい。だとすると、「白岩目安」から伝播したものとは別に、目安往来物が成立していたということになる。もしかすると、目安往来物は、もっとほかにも存在しているのかもしれない。今後の検討課題である。

動くテクスト

さて、以上に往来物の一端を紹介してきた。「手紙の往来」に始まった往来物が、多様な発展を遂げ、じつに夥しい種類の往来物が製作されることとなった。一揆訴状までが往来物となっていたことは興味深い。しかしながら、このような展開を遂げながら、最後までそれらは「往来物」と呼ばれ続けた。近世期には、手紙文とまったく無関係の往来物も多数編纂された。本来であれば、それらは「往来物」と呼ばれるべきではないのかもしれない。しかし事実としてそれらは「往来物」と呼ばれ続けたのである。なぜなのだろう。

手紙文が読み書きの教材となっている例が、日本以外にもあることは第二章に述べたとおりである。そもそも、その始まりが中国の書儀に由来するらしいことも、そこで述べた。読み書きの教材として手紙文が使用されることには一定の必然性があるのかもしれない。しかしながら、日本の往来物は、八〇〇年以上にわたってこの国の教材としての地位を保ち続け、初学者用教材の代名詞とさえなったのである。時間的にみればそれは、「読み書きの日本史」の過半をカバーしているといってもよいほどである。単に伝統として継承されたというだけでは、必ずしも十分ではないように思われる。

「往来物」という言葉が、手紙の往来、すなわち文書の移動を前提としていることはいうまでもない。手紙である以上、移動することはあたりまえである。しかしながらこのことは、案外重要な意味を有しているようにも思われる。

というのは、往来物が「動くテクスト」についての教科書であると考えてみたときに、あらためて想起される一文があるからである。それは鬼頭清明の『木簡の社会史』(講談社学術文庫版)に収録されている渡辺晃宏の解説である。このなかで渡辺は、「動く」ということが、木簡が本源的に有する属性だと述べているのである(同書二一六頁)。

同様のことは、古文書学において長く採用されてきた「古文書」の定義にも認めることができる。古文書学の基本文献のひとつとなっている佐藤進一『古文書学入門』において、古文書とは以下のような文書のこととされてきた。すなわちそれは、特定の対象に伝達する意思をもってするところの意思表示の所産であり、差出者と受取者の関係の如何によって差異化されている文書である。ここでも、差出者から受取者へと移動することこそが、古文書の本質的な属性とみなされているわけである。現在では、このような古文書の定義は必ずしも十分ではないとみなされるに至っている。しかしながら、古文書に関する以上の定義は長きにわたって採用されてきたものでもあった。各自治体に設置されている文書館などの収蔵資料目録には、いまでも「発信者」と「受信者」の欄が載せられていることが多い。発信者から受信者へと移動することこそが、古文書の重要な性格とみなされているのであろう。

木簡にせよ紙に書かれたものにせよ、移動することによって文書がその用をなすということは、つまるところ、文書がコミュニケーションや通信の機能を担っているということである。もちろん文字がもたらす機能は多岐にわたっているわけであるが、そのひとつの重要な側面として、文書による遠隔地とのコミュニケーションがあったことは、あらためていうまでもないことだろう。したがって、動くということは、文字と文書そのものの在り方において本質的な重要性を有していたといえるのかもしれない。

このように、文書の重要な側面として、「動く」という属性があることを考えるなら、読み書きの教材が「往来物」と呼ばれることは、それほど奇異ではないのかもしれない。人々の間を往来することによって機能するもの、それが文書であった。そのような文書の作成をするための教材ということであれば、それはじつに「往来物」と呼ばれるにふさわしかったのではないだろうか。

しかしながら、文字習得の基礎的な段階が往来物によって構成されていたこと、そしてそれが八〇〇年にもわたって継続してきたということは、少なくとも、学校教育において読み書きを学習してきた今日の私たちからみれば、やはり納得しやすいことではない。今日の学校教育においても、もちろん手紙の書き方のような学習の課程が存在しないわけではない。しかしながらそれは、国語教育のごく一部を占めるに過ぎない。現在における国語教育は、文書の作成だけを目的としたものではなく、より汎用的で普遍的な読み書き能力の育成が目的となっているのである。このようにして教育された現代の私たちからみれば、往来物は、やはり依然として奇妙なものである。

問題はしたがって、前近代の日本において、往来物が文字習得の基礎段階であり続けたのはなぜだったのか、ということである。換言するなら、より汎用的で普遍的な文字習得の課程が成立せず、往来物のような文書作成を目的とする学習課程が、文字習得の基礎となり続けたのはなぜなのかということでもある。

もとより容易に答えの出る問題ではないが、さしあたり次の二つのことを指摘できるのではないだろうか。ひとつは、これまでも述べてきたように、近代以前の日本における公私の文書が、変体漢文、およびその最末流ともいわれる候文体という、口頭語と異なる書記言語によって作成されるものだったということである。現在の私たちと異なり、近世の人々は、文字そのものの読み書きを覚えるだけでは文書を作成することが不可能であった。実際の文書において使用される文体そのものについても習熟を必要としたのである。また文体だけでなく、文書の作成にあたっては、その種類に応じて多くの約束事があった。このような約束事にも習熟する必要があった。ゆえに、実生活において文書の読み書きをおこなおうとすれば、さまざまなタイプの文書そのものについての学習が不可欠となっていたのである。このような事情が、手紙文の範例としての往来物を、読み書き学習の基礎段階として位置づけ続けたのではなかったかと思われる。そして、話を先取りするなら、近世的なこの読み書き学習は明治以後、言文一致体の普及と「近代読者」の成立によって、やがてゆっくりとその役割を終えるのであるが、それについては第五章であらためて考察しよう。

もうひとつの背景として、近世期の日本においては、読んでその内容を深く理解すべきと位置づけられる共通のテクストが不在だったということを挙げることができる。西洋社会においては、教理問答書が、長く読み書き教材の基本としての位置を有していた。これらを読んで、キリスト教の精神を理解することが、多くの住民に求められていたのであり、そのような共通のテクストが、読み書き習得の初期段階に位置づけられていたのである。つまり、このような共通のテクストを読むことを強制する団体・権力──読ませる権力──が、西洋社会には存在したのであった。これに対して近世日本の場合、幕藩制国家は、文字を介した民衆の教化については、それほど強い関心を有していなかった。『六諭衍義大意』を寺子屋において使用することを徳川吉宗が推奨するなどの施策がなかったわけではないが、西洋社会におけるキリスト教の教育に比すれば、その強制力も実効性もきわめて低かった。読み書きの学習は、もっぱら日常生活における必要性に基づいて、民衆が自発的におこなっていたといってもよいだろう。このため、このような日常的な必要性に基づいた教材が、読み書きの基礎段階としての位置を保持することとなったのではないかと思われる。

もちろん、往来物が形成するリテラシーがまったく汎用性を有していなかったわけではない。近世期に隆盛する商業出版によって生み出されていた膨大な書物の世界にアクセスする場合にも、往来物によって形成された読み書き能力が用いられたことだろう。またそれは、儒学をはじめとする種々の学問や文化とも接続するものであった。近世期には、個人の日記や見聞記、村の旧記や地誌など、膨大な記録が作成された。これらの記録も候文体で書かれたから、往来物による学習はその作成にあたっても有効であっただろう。その意味では、往来物は、近世期における読み書きのための基礎的な能力を提供していたといえる。そのため、往来物という形式を決定的に変容させるにはいたらなかった。こうして、往来物は前近代日本における読み書き教材の首座を保持し続けたのである。

「読ませる権力」の始動と往来物

明治期になると、日本においても「読ませる権力」が本格的に確立することとなる。明治維新を通じて形成された国家権力である。この権力は学校制度を整備し、人々が読むべきテクストを指定する。読み書き能力形成の初期段階は、もはや文書作成のためではなく、自然および人間の世界を理解し、それを通じて人々を国家へと参画させるための、つまりは「国民」を育成するための基礎として位置づけなおされることとなる。要するに、近代学校における国語教育へと転換するわけである。

とはいえ、このような転換も一挙に進んだわけではなく、文書作成のための読み書き教育という側面はしばらく存在し続ける。また、このような転換が直ちに往来物を廃棄したわけでもない。それどころか、往来物にとって明治初期こそは、その最盛期でさえあったのである。『往来物解題辞典』に掲載されるものだけでみても、「学制」が発布された一八七二年(明治五年)には五五点の往来物が刊行され、翌年には一七〇点を超える。その後、一八八〇年(明治一三年)までの間、五〇点を超える往来物が刊行され続けるのである。この結果、一〇〇〇点近い往来物が明治期に刊行されている。『往来物解題辞典』に掲載される往来物が全体で三千七百余点であることを考えれば、明治期の往来物刊行がいかに盛んであったがわかる。

しかしこれも当然のことであった。近代学校制度が導入され、学校で学ぶ人口が急増する一方、そこで使用される教科書を直ちに一新できるはずもなかった。このため、在来の様式を借りて、そこに学ばれるべきあらたな内容を盛り込むということがおこなわれたのである。

しかしながら、知識教授のための近代的な教科書が本格的に編纂されるようになっていくと、往来物の編纂・刊行は次第に減少していくこととなる。もはや手紙文例集のような形式や名称のもとにではなく、知識形成を目的とした専用の教科書が往来物に取って代わることとなるのである。この結果、往来物は、読み書き教材の主役の座を次第に失い、往来物が本来有していた機能へと、その役割を限定していくようになる。つまりは、文書作成の範例集へと回帰していくのである。

書式文例集への回帰

明治期の往来物は、むしろこの文書作成範例集としての側面を大展開させることとなる。私的な手紙だけでなく、明治期になって激増しつつあった種々の公文書などの作成範例へと変貌していくのである(八鍬友広「往来物と書式文例集」)。

現在使われている図書分類の規則である日本十進分類法において、「書式集」と分類されている多数の書籍が存在している。これらは、「訴訟手続き」に関する文献として分類されているものである。要するに法律に関係した各種手続きのためのマニュアル書が、「書式集」と命名され分類されているのである。

このなかには、明らかに往来物として編纂されたものが多数含まれる。たとえば、一八七四年に東京の島屋儀三郎が刊行した『改正習字　確証文例』も、そのひとつである。四編からなる同書のうち、三編と四編は「公用之部」とされ、いずれも公文書の書式文例となっている。その一部を示してみよう（図3-4）。

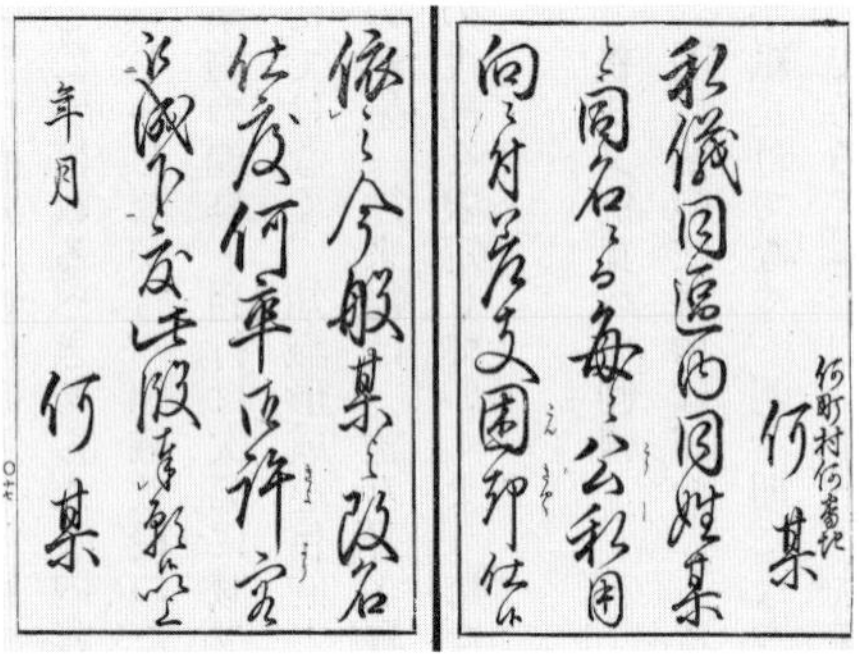

図3-4　『確証文例　公用之部一　三編』(1874年刊)

行書で大書し、一ページに四行程度で書かれている。また所々に振り仮名が振られている。典型的な往来物の体裁であり、近世の往来物を見慣れた者なら、迷わず往来物と分類するところである。

このような事例は、往来物の手紙文例としての性格が、明治期の公文書のための文例集として新たな展開を遂げたものということができるだろう。

しかしながら「書式集」は、往来物から次第に離脱し、純然たるマニュアル書へと変容していく。一八八六年に、茨城県の書肆「柳旦堂」「拾翠園」の蔵版となる『現行確証文例大全』は、往来物からマニュアル書へと変容していく途上にあった一例である。

先の例と同様に「確証文例」の語をタイトルに用いているが、まったく体裁が異なる。活版で印刷され、細字に楷書で記しており、もはや往来物とはいえない。当然、『往来物解題辞典』にも掲載されていない。近世までの往来物の形式を離脱して、より専用の文書作成マニュアル書となったのである。

ところがこの『現行確証文例大全』には、「小学中等」の角書が付されており、これが小学校用教材として編纂されたものであることが示されている。現在の私たちからみれば、このような書籍が小学校用教材であるなどということは、およそ考えにくいが、往来物から派生したものと考えるなら、合点がいかないわけでもない。つまりこれは、往来物の形式から離脱しつつも、いまだ読み書き教材としての要素をわずかにとどめている事例だったのである。

同書の「叙」には、契約文例は小学作文科におけるもっとも無味乾燥なものなので、教師もこれを疎かにし、学生もまたこれを勉強しない、しかしこの科の必要性は記事や論策などよりもはるかに優っている、などのことが記されている。契約文例を学習することの重要性について同書は、契約ということが明瞭でなければ権利義務の所在も不明確となり、訴訟沙汰が頻発することとなる、契約文例についての教育が行き届けば、孔子を待たなくとも、訴訟などが起こらなくて済むだろう、などと記している。孔子についての教育、つまり儒教の教育などよりも、むしろ契約文例の教育が重要である、とでもいうのだろうか。なかなか興味深い記述である。

往来物の終焉

以上のように、明治期には、往来物の文書範例集としての側面を継承した書式文例集が大いに繁栄したが、往来物の後継であったため教材としての性質をなおとどめていた。しかしながら、書式文例集は次第に教材としての性質を失い、法律上の実務家を対象とした一般書籍へと変容していく。たとえば一九〇七年に刊行された『書式大全』は、九七六ページからなるきわめて浩瀚な書籍であり、民事、商事、民事訴訟、刑事、司法裁判など一六種類からなる膨大な書式が収められている。凡例には「本書ハ専ラ実用ニ供スルコトヲ主旨トシテ編述シタルモノナリト雖モ単ニ法律ノ研究ヲ為ス場合ニ於テモ之ヲ参看セラレンコトヲ希望ス」と記されており、同書が、実用書の水準を超えて、専門書に接近したものでもあることを示している。もはや、読み書き教材としての性格を完全に失っていることは明らかであろう。

このように、書式文例集は、次第に教育から離脱して、一般的な実用書もしくは専門書へと転換していった。明治期の書式文例集は、したがって以下の三種類に分類することができるのである。

①往来物、②学校教材用図書、③実用一般図書。初期においては、近世の往来物の形式をそのまま継承したものが多数現れたが、次第に活字版の一般書籍へと展開していく。それらは、往来物としての性質をなおとどめ、学校教育を対象とした図書として刊行されていたが、やがて教材としての性質を完全に喪失し、法律関係の実用図書として編纂されるようになっていくのである。

前述のとおり、明治初期は往来物の最盛期であったが、知識教授のための専用の教科書が編纂され始めると、往来物はこれらの教科書に取って代わられていくこととなる。この結果、往来物本来の姿である文書範例集へと回帰し、夥しい書式文例集が往来物の後継として編纂されることになる。しかしそれらもより専門的な実用図書へと変容し、往来物は姿を消していくこととなる。かくして、この国における読み書き教材の歴史の過半を占めていた往来物は、ついに終焉の時を迎えたのである。

第四章　寺子屋と読み書き能力の広がり

前章においては、長年にわたり日本における読み書きの教材となってきた往来物についてみたが、本章においては、このような教材を用いた読み書きの教育、および読み書きの実践の社会的な広がりについてみてみることとしたい。

寺子屋というもの

江戸時代になると、読み書きの学習をする人々の数は、それまでにないほど増大する。人々が読み書きを学んだ場所は、「寺子屋」と呼ばれている。当時の人々にとっては、しかしながら、このような呼び名が一般的であったわけではない。「手習師」「手習師匠」「手習子取（てならいことり）」「手習指南」「手習塾」「手跡指南（しゅせきしなん）」「筆道指南（ひつどうしなん）」など、じつにさまざまに呼称されていた。これらを総称する呼び名も、とくに存在しなかったといってよいだろう。現在と違って、文部科学省もなく、学校教育法のような学校を定義する法律も存在しなかったのだから、当然のことでもあった。

関西地区などでは寺子屋と呼ばれていたが、それも限定的だったようである。「寺子屋の段」で有名な竹田出雲の浄瑠璃「菅原伝授手習鑑」が延享三年(一七四六)にヒットすると、この語が人口に膾炙することとなったと考えられている。そして明治になって、政府が前時代の教育状況についての調査を始めたとき、初歩的な読み書き教育をおこなうこれらの教育施設の総称として「寺子屋」の語を採用したため、一般に江戸時代の読み書き教室がこう呼ばれることとなった(入江宏「「寺子屋」と「手習塾」」)。

寺子屋というぐらいだから、お寺で読み書きが教えられていたのだろう、という誤解が、おそらくかなりの程度広がっていると思われる。お寺が読み書きを教えた場合も確かにあったが、それらは寺子屋の一部に過ぎない。百姓、町人、武士、専業の手習師匠など、多様な寺子屋が存在していたのである。このような誤解が生じないように、寺子屋ではなく手習塾と呼ぶべきであるとする主張もある。

民衆の教育施設である寺子屋がどのように成立してきたのか、いまもって完全にはわかっていない。中世以来の寺院における教育の系譜を引くのではないか、とする指摘が古くからなされてきた。これについては、高橋俊乗と石川謙の間で、一九二〇年代から論争が繰り広げられてきたが、明確

図4-1　渡辺崋山『一掃百態図』(文政元年〈1818〉)に描かれた寺子屋

な決着をみていないといってよいだろう。ひとつだけ明らかなことは、寺子屋による教育は、幕府や藩などの命令によってではなく、そのほとんどが民衆自身の自発性に基づいてなされていたということである。

もちろん、このような自発性を支えていたのは、人々の生活のなかで次第に高まっていった読み書きの必要性である。黒田日出男によれば、鎌倉末期から村落の文書が急速に増大し、それらが収められる「黒箱」と呼ばれる箱も登場するようになる。中世後期になると、民衆の識字能力と計算能力は確実に進歩し、そのような能力は、少なくとも村落土豪層から上層農民にいたるまで浸透しつつあった。読み書き計算能力という基底的な知的能力の展開を抜きにして、戦国・織豊期の技術の発展はあり得なかったとしている（黒田日出男「戦国・織豊期の技術と経済発展」）。

民衆への読み書き能力の普及

読み書き能力の普及度は、一般に「識字率」ともいわれるが、じつはこれを正確に計測することは、現在においてもきわめて難しい。そもそも、なにをもって識字とみなすかさえ、そう簡単に定義できるものではないのである。ましてや、遠い過去の時代の識字率を正確に計測することなど不可能といってよい。それでも、歴史家というものは、なんとかして当時の実態に迫りたいと思うものである。二〇一四年に刊行された『識字と学びの社会史』は、このような歴史家の試みのひとつであった（大戸安弘・八鍬友広編『識字と学びの社会史』）。

西洋社会の識字率に関する研究においては、たとえば婚姻時に教会に提出する署名などが使用されてきた（デイヴィド・ヴィンセント『マス・リテラシーの時代』など）。婚姻届である。署名ができる者は自署し、できない者はクロスの印をつけることが慣習となっていた。したがって、婚姻届提出者のうち自署した者の数を確認すれば、自分の名前を記し得る程度の識字力を有する者の比率がわかるというわけである。これをそのまま識字率とみなすわけにはいかないが、自署率と呼ぶことは許されるだろう。日本には、このような制度がないので、一定の地域を網羅する自署率さえ知ることはできない。

しかしながら、類似の資料として、日本には花押(かおう)がある。自筆で記される文様化された独特の署名である。徳川家康の花押など、著名な武将の花押をご覧になったことのある方も多いのではないだろうか。じつは、このような著名な武将だけでなく、一七世紀初頭までの日本においては、一般民衆も印鑑ではなく花押を記していたのである。この花押を用いて、識字の一端に迫ろうとする研究がおこなわれている。リチャード・ルビンジャーの『日本人のリテラシー』は、その代表的な研究といってよいだろう。

長崎出島と京都六角(ろっかく)町の宗旨人別帳(しゅうしにんべつちょう)から、当該地域の花押率を詳細に検討した研究もある。木村政伸の研究である(木村政伸『近世地域教育史の研究』)。宗旨人別帳は、切支丹の禁止を徹底するために、すべての住民の宗旨を世帯ごとに書き上げさせたものである。一人ずつ署名をしなければならず、花押を記せる者は花押を、それ以外は「〇」「|」などの単純な記号(略押(りゃくおう)という)を記したり、筆軸に墨をつけてスタンプを押したりした。これにより、西洋における婚姻署名と同様の分析が可能であるだけでなく、婚姻署名と異なり、婚姻適齢期の住民のみならず全住民の自署率を把握できることとなる。識字史の研究のためには、きわめて貴重な資料といえるだろう。

では、花押とはどのようなものであろうか。木村が用いた宗旨人別帳の一部を紹介しよう(図4-2)。

これは、寛永一四年(一六三七)の京都六角町の宗旨人別帳である。右のページの一行目には「源

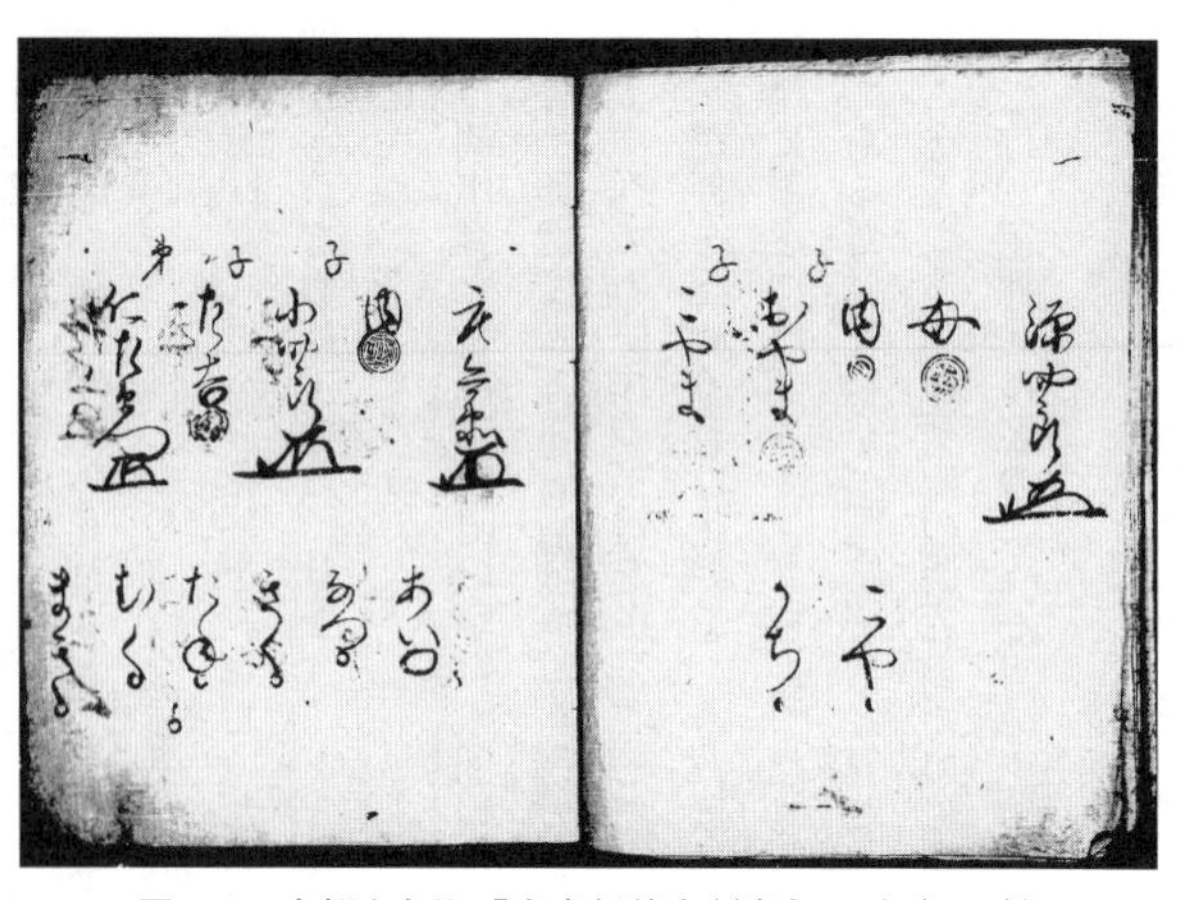

図 4-2　京都六角町「南蛮起請文」(寛永 14 年〈1637〉)

四郎」の名前があり、その下に記されているのが源四郎の花押である。その左に「母」「内」の文字がある。それぞれの下には印鑑が押されている。これは源四郎の母と妻の印鑑である。その左の「おやま」「こやま」は源四郎の子どもである。その下にある「こや」「かち」は使用人と思われるが、「・」のようなものが書かれている。左のページには、「庄兵衛」の名があり、花押が記されている。その左側の三人のうち「子　小四郎」と、一人おいて「子　仁左衛門」は一応花押といえるものを記している。下段の女性名は、いずれも「〇」などの略押が記されている。

以上のように、宗旨人別帳には、本人確認のための自署がなされており、花押から略押、さらには「・」のようなものまで、運筆力によって種々のサインがなされている。木村政伸や、横田冬彦、リチヤード・ルビンジャーなどがこれらに着目をして、識字力の分布に関する検討をおこなっているのである。

花押は、アルファベットで自己の氏名を記すことと比較しても、複雑な文様を繰り返し一様に記さなければならないのであるから、より高い運筆能力を必要としたと思われる。少なくとも、花押を記せるような人を、「流暢に筆を使う人」と呼ぶことは許されるのではないだろうか。

花押の書き方の練習をしたと思われる落書きが、往来物に記されている事例も確認されている。先に掲載した図3－3「黎民百姓御訴訟状」を再度ご覧いただきたい。前述のとおりこれは、寛文四年(一六六四)から延宝四年(一六七六)にかけて、信濃国小県郡小井田村の九郎助および八十郎などが使用した往来物であったが、このなかに、八十郎の花押を練習したような落書きがみられる。往来物には、しばしば落書きがみられるが、多くの場合、これまで学んだ文字や文章、自分の名前、あるいは自村名などを練習したものである。八十郎の場合も、このような落書きの一種であったと思われる。このことは、花押を書くことが、自己の氏名を書くことと並んで習得されるべき技能となっていたことを示している。以上からも、花押を記せるということは、ある程度筆遣いに習熟していたものとみることができよう。

花押からみる識字状況

では、長崎出島や京都六角町において、花押を記せる人はどれぐらいいたのだろうか。木村政伸によれば、寛永一一年(一六三四)の長崎平戸町では、印鑑を押した者および無記の者を除いた家持(いえもち)(自己の家を所有している者)当主二三人のうち二一人が花押を記している。同様に借家層の当主一七人のうち一〇人が花押を記している。翌年(一六三五)の京都六角町では、同様に家持当主一九人のうち一九人全員が、借家層七人のうち六人が花押を記している。花押を記せる者の比率は、とりわけ家持当主層では、きわめて高いことが知られるのである。他方、女性で花押を記した者は皆無といってよく、男女の間に著しい差異があったこともわかる。このように、一七世紀前半の段階で、長崎や京都といったこの国を代表する都市においては、花押を記し得る程度の識字者が多数存在したことが確認されるのである。

もっとも、以上は当時の日本における中心的な都市といってもよい地域であった。居住者も商人であり、読み書き計算ができることは職業上必須であったことが予想される。高い花押率は、そうした事情を反映しているのかもしれない。では、このような状況は全国にどの程度広がっていたのだろうか。長崎や京都といった、当時における中心的な都市に限定されていたのであろうか。

福井県に、寛永八年(一六三一)における若狭国遠敷(おにゅう)郡小浜魚屋(おばまうおや)町(現在の福井県小浜市)の「魚屋町間数等書上(けんすうとうかきあげ)」という資料が残っている。魚屋町の全三八戸を書き上げたものであり、すべての世帯主が署名している。印鑑を使用している者を除く二七人のうち、「〇」のような単純な略押を書いた者は一人のみであり、その他は、それなりの複雑さを持った花押を記している。したがって魚屋町においては、世帯主が花押を記せることは、ほぼあたりまえとなっていたとみられる(八鍬友広「越前・若狭地域における近世初期の識字状況」)。地方都市においても、すでに一七世紀前半の時期に、花押を記し得る識字力は広がっていたようである。

他方、同じ福井県でも、地域が異なればまったく様相は違っていた。寛永一二年(一六三五)に敦賀郡大比田村(福井県敦賀市)の百姓らが、「大比田浦五人組請状」という文書を作成している。徒党を組んだり切支丹を隠し置いたりしないなど、法令の遵守を誓約したものである。村内全戸の世帯主一〇五人が署名しているが、花押を記した者は一人もいなかった。なお同村の名主は別の文書に花押を記している。この村では名主以外には、花押を記す者はこの時点ではいなかったと考えられるのである(同書)。このような状況は、全国的にみれば珍しくはなかったであろう。むしろ、多くの地域ではこれこそが平均的であったとも思われる。しかしながら注目すべきは、ほとんど全戸の世帯主が花押を記す程度の識字力を有する事態が、地方都市には展開していたことである。また都市以外の地域においても、村の指導層を中心として、花押を記す程度に流暢に筆を遣う人々が確認されるようになった。このような状況が、一七世紀前半には広がりつつあったことが推測されるのである。

村堂というもの

中世末から近世初期にかけての、以上のような識字力の広がりは、どのような教育によって実現していたのであろうか。これは、寺子屋の前身となる教育組織がどのようにして成立し展開したのかということとも深く関係する問題であるが、残念ながら十分にはわかっていない。大戸安弘は、中世期の日本において各地を遊歴する宗教者が、遊歴先で民衆に対しても教育的な働きかけをおこなっていた可能性を指摘している（大戸安弘『日本中世教育史の研究』）。このような宗教者の遊歴は、各地の民衆にとって、知識を獲得する重要な機会となったことだろう。

また、村堂（むらどう）と呼ばれる、小規模の寺院・堂が民衆教育の一端を担っていたのではないかとする指摘もなされている。鎌倉時代末期になると、畿内やその周辺地域に、住民たちが自ら掟を定め自治的に村落を運営する「惣村（そうそん）」が成立し始めるが、村堂はこのような惣村のなかで、信仰以外にもさまざまな機能を果たしたものとみられている（浅香年木「中世における地方寺院と村堂 上」）。黒田日出男は、この村堂の広範な出現とそこでの僧侶による教育こそが、民衆の読み書き計算能力向上の背景にあったのではないかと述べている（「戦国・織豊期の技術と経済発展」三〇二頁）。

このような教育の一例ともみなされているのが、越前国江良（えら）浦（福井県敦賀市）における宗幸（そうこう）という旅僧の存在である。古くからよく知られている事例でもある。天文二四年（一五五五）、江良浦惣百姓の刀禰（村の代表）が、役人に対して、在所には「いろは字」についてもこれを「みる」者がいないので、宗幸という旅僧を留め置いて寺庵を開いたことを申し述べている。久木幸男は、この寺庵を村堂であったとしつつ、「いろは字」を「みる」とは、文字を教え世話することであると解して、このような者が江良浦にはいなかったので、宗幸を留め置いて、読み書きの教育および村の書記を依頼したのであったと述べている（久木幸男「研究ノート・中世民衆教育施設としての村堂について」）。

この資料については、さまざまな解釈がなされているが、宗幸が読み書きの教育にあたっていたという点については、おおむね一致している。したがってこれは、一六世紀の村における、読み書き教師に関する資料といえそうである。もちろん、人々が読み書き能力を得る方法は、村堂だけでなく地域や個人によって多様であっただろう。江良浦の事例もそのひとつにすぎない。しかしながらこの資料は、村々に読み書き教育の場が作られていった過程に関するきわめて注目すべきものであることにかわりはない。このような読み書き教育の場が次第に各地域に広がっていき、やがて近世の寺子屋へと接続していったのであろう。

一七世紀の寺子屋

一七世紀になると、さまざまな古文書のうちに、寺子屋についての記述が現れ、その存在を確認できるようになる。同じく越前の資料をみてみよう。

小浜町(福井県小浜市)で酒造業を営んでいた木崎惕窓(一六八八〜一七六六)は、『拾椎雑話』という著書を編んでいる。宝暦七年(一七五七)から宝暦一〇年(一七六〇)にかけて執筆されたものである。二八巻からなる大部の書籍であり、小浜をはじめとして近隣地域の出来事が子細に採録されている。町人の視点から観察され編集された稀有な資料である(『拾椎雑話・稚狭考』)。

このなかに、「寛永十七年小浜町家分ケ」という記事がある。一六四〇年における小浜町の職業が書き上げられたものである。『拾椎雑話』が書かれる一〇〇年以上前の記録だが、なんらかの事情から惕窓の目にするところとなり、町に関する貴重な資料として『拾椎雑話』に収録したものと思われる。これにより、当時の小浜町に居住した住民の職業をつぶさに知ることができるのである。総勢二二一四人、「舟持」「紙屋」「問屋」「米屋」など合計八七種類の職業が書き上げられている。もっとも多いのは「家大工」二四六人、続いて「桶屋」二〇四人、「奉公人」二〇三人、「水主」一六七人、「魚屋、四十物屋(塩魚・干魚屋)、ザルフリ(魚などを笊に入れて売り歩く者)」一五五人などである。このなかに、「手習子取」二人が書き上げられている。手習子を取って教えることを生業としていた者が、この時代の小浜町に二人いた。一七世紀前半における寺子屋の事例といってよい。この時代には、寺子屋を稼業としている者が、地方都市にすでに存在していたことを示す記録として貴重である。

『拾椎雑話』には、この記事に続いて「天和三年亥八月小浜家職分」が掲載されている。一六八三年における小浜町の職業構成であり、このなかにも「手習子取」五人が書き上げられている。以上から、一七世紀の小浜町に安定的に寺子屋が存在し、増加しつつあったことが知られる。

先に述べたように、小浜魚屋町については、各戸の世帯主が署名した寛永八年(一六三一)の「間数等書上」という資料が残っている。署名した世帯主のほぼ全員が花押を記しており、流暢に筆を遣う人々が多数存在したことが示されている。小浜町に存在した寺子屋は、このような識字状況の背景ともなっていたと思われる。

川崎喜久男が、千葉県でおこなった筆子碑(ふでこひ)に関する調査も貴重である(川崎喜久男『筆子塚研究』)。筆子碑とは、寺子屋の師匠が死亡した折(場合によっては生前から)、筆子すなわち教え子たちが建立した墓・碑である。これもさまざまな呼び名で呼ばれているが、ここでは、筆子が建立した碑という意味で、筆子碑と呼んでおきたい。

川崎は、二〇年以上をかけて千葉県内の寺院・墓地などをくまなく回り、三〇〇〇基を超える筆子碑を発見したのである。これは、ひとつの県内に存在したことが確実な寺子屋の数として、現時点ではもっとも確かなデータとなっている。写真(図4-3)は、川崎が調査したもののひとつで、旧相馬郡内で天保五年(一八三四)に建立された筆子碑である。

それらのなかには、一七世紀に建立されたものがある。千葉市幕張の宝幢寺(ほうどうじ)に残る筆子碑は寛永

図 4-3　千葉県内に残る筆子碑（川崎喜久男による）

一六年（一六三九）に俗人弟子五人によって建立されたものであり、千葉県内の筆子碑のなかでは最古となっている。続く寛永一八年（一六四一）には、山武市木原の蔵光寺に筆子碑が建立されている。これらを含め、五二基の筆子碑が、一七〇〇年までの間に建立されていることが確認されている。これらの多くは、師匠が死亡した折に建立されたものであるから、寺子屋が営まれていたのは、建立年よりも数年、場合によっては数十年ほども前のこととなる。また当然のことながら、筆子碑の建立されなかった師匠もいたであろうし、建立されたものの滅却したもの、川崎の調査の網にかからなかったものもあるであろう。したがって、実際に存在した師匠は、川崎の調査結果よりもはるかに多かったと思われる。以上から、現在の千葉県内には、一七世紀においてすでに多数の寺子屋師匠が存在したことが確認されるのである。

筆子碑からみる寺子屋の普及

川崎喜久男の千葉県における筆子碑研究は、特定の地域内にどれほど寺子屋が普及していたのかに関する、きわめて有意義な研究ともなっている。江戸時代には文部科学省のような役所も存在しておらず、幕府も藩も、民間社会において寺子屋がどれほど普及しているのかについては、さしたる関心を有していなかった。したがって、江戸時代にいったいどれくらいの寺子屋があったのか、正確に知ることはできないのである。明治期になると、西洋式の近代的な学校制度を導入することもあって、自国における教育の沿革についての関心が高まる。こうして文部省により編纂されたのが『日本教育史資料』である。一八八三年から調査が開始され、各府県庁および学校等の所蔵する旧記や元儒者の私記、古老の口碑などが収集された。これらをとりまとめ、一八九〇年以後、『日本教育史資料』九冊として発行された。

同書によれば、全国に存在していた寺子屋は明治期に開設されたものも含め一万五六〇〇件ほどであった。しかしながらこれは、実際に存在した寺子屋のごく一部にすぎない。たとえば、同書に掲載される千葉県の寺子屋は一〇七件であるが、川崎が明らかにした筆子碑は三〇〇〇基にのぼる。それらの筆子碑とて、すべての寺子屋師匠を網羅しているとはいえないだろうが、『日本教育史資料』と比較すれば大幅な増加となっている。同じことは、どの県・地域でもあてはまるだろう。『日本教育史資料』は、明治期における同時代的な調査結果として重要な意義を有するが、寺子屋に関しては、きわめて限定的なものであるといわなければならないのである。

川崎の筆子碑研究においては、寺子屋の数だけでなく、その増加傾向も『日本教育史資料』によるものとは大きく異なっている。『日本教育史資料』の描き出す寺子屋の増加傾向は、幕末期激増型とでもいうべきものである。一九世紀以前の寺子屋はいたって少なく、一九世紀、とりわけ一八三〇年頃から激増のカーブを描く。同書は、明治期に存命していた旧寺子屋師匠などへの聞き取りに依拠したと考えられるから、調査方法のもたらす当然の結果であったともいえよう。このようにして収集された情報は、一九世紀以後に開業した寺子屋師匠に関するものが中心となったと思われるからである。

これに対して川崎の寺子碑研究は、明治期に存命した者のみならず、残存している墓石・碑の悉皆調査であるから、寺子屋師匠の実態により近似したものであったといえる。それによれば、千葉県内の寺子屋はすでに一七世紀から存在しており、一八世紀においても順調に増加していく。幕末期に開業のピークがくることは『日本教育史資料』と同様だが、その増加曲線は指数関数的ではなく、よりなめらかなものである。筆子碑の建立動向は、幕末期に激増するのではなく、時代を通じて一貫して増加傾向を呈しているのである。

一八世紀における越後村上の寺子屋

寺子屋について、その詳細をもっともよく知ることのできる資料は、門人帳である。手習師匠に入門して学習した門人（教え子）の名簿である。これまでも、門人帳を使用した分析や考察がさまざまに試みられている。

越後国村上町(新潟県村上市)で寺子屋を開いていた磯部順軒の門人帳は、これらのなかでも、もっとも古いもののひとつである(八鍬友広「近世越後の民衆と文字学び」)。元文二年(一七三七)から、寛政二年(一七九〇)までの間に教えた一二〇〇人ほどの門人の台帳である。この磯部寺子屋の門人帳には、入門者の名前のほか、町村名、親の氏名およびその職業、入門年が記されており、きわめて貴重な資料となっている。

磯部門人帳の冒頭には、元文二年に父親が亡くなったことにより、順軒が二二歳で業を継いだと記載されている。この寺子屋が、少なくとも親子二代にわたって営まれたことがわかるのである。順軒の父親がいつから寺子屋を開いていたのか不明であるが、仮に順軒と同じ程度の期間開業していたとすれば、一六八〇年代の開業となる。村上は、昔からの城下町であり、元禄一六年(一七〇三)の人口は九〇〇〇人を超えていた(『新潟県史　通史編三』)。越後における代表的な都市のひとつであったといってよい。典型的な城下町であった村上町には、一七世紀においても、文字を学ぶ人が多数いたものと思われる。磯部寺子屋は、このような、地方都市における読み書き教育の需要に応えるものであったといえよう。

なお、宝暦一〇年(一七六〇)の「安良町家別明細帳」という資料には、「手習師　佐忠」の記載がある。「佐忠」は屋号で、磯部寺子屋のことである。職業が「手習師」と記載されていることから、磯部家は専業の寺子屋だったのであろう。このような専業の寺子屋が、少なくとも二代にわたり、磯部家によって営まれていたこととなる。一八世紀には、地方都市においても専業の寺子屋で安定的に生計を立てられるほど、読み書きの需要が高まっていたことがうかがわれるのである。

磯部門人帳は、「町方」(村上町の各町)と「在所方」(村上町以外の地域)に分けて記載されているが、町方からの入門者が七四%を占める。したがって、大多数が村上町からの入門者であったといえるが、周辺の村々からも多数の入門者が来ていた。また、松崎村(まつさき)・神谷内村(かみやち)(新潟県新潟市)や、鼠ヶ関村(ねずせき)(山形県鶴岡市)といった遠方からの入門者もあった。村上市までは、新潟市から五〇キロメートル、鼠ヶ関からは四〇キロメートル程度の直線距離がある。このような遠方からの入門者は、磯部寺子屋が広域的に名声を得ていたことを示すものであろう。こうした入門者は、磯部家あるいは近隣の家に寄宿していたようである。

村上市には、「軒付帳(のきつけちょう)」と呼ばれる資料が多数残されている。近世期の住宅地図とでもいうべき資料で、これにより当時の町並みが復元できる。磯部門人帳と、この軒付帳を比較すると、町ごとの入門実態の一端を知ることができるのである。町によってはきわめて高い入門率となっていることがわかる。たとえば宝暦一〇年の軒付帳と照合すると、磯部寺子屋があった安良町やその近隣の小町(こまち)などにおいては、総世帯数とほぼ同数の世帯から入門者が出ていることがわかる。門人帳に記載される世帯のうち、軒付帳に実際に確認される世帯は、安良町で四五%、小町で六四%程度となっている。軒付帳はあくまでも宝暦一〇年における単年度の住宅地図であるから、その前後の転入や転出は確認できない。他方、磯部門人帳は長期間にわたる記録であるので、その間の世帯の移動も反映されているだろう。門人帳に掲載される世帯で軒付帳には確認できないものがあるのは、このためであると考えられる。それにしても、きわめて高い比率で、入門していることが確認されるのである。ちなみに小町には、多数の旅籠が立ち並び、城下に用向きのある者、およびこの地域を通行する者が投宿する場所ともなっていた。このような地域で生活していくためには、読み書きは必須の能力であったと思われる。

磯部寺子屋には、複数の兄弟が入門し、またかつての門人の子どもが入門している事例もみられる。たとえば、安良町の小兵衛の子どもは、直八、小六、直七の三人が次々と入門しているが、後に、直八の子どもである伊予八、万平が入門している。同様に、久保多(くぼた)町の松田氏の子どもは、清次郎、与惣次、惣吉、友次郎の四人が入門し、次の代になると惣吉の子どもである吉蔵、百助が入門している。山辺里(さべり)村の小田氏からは、平之丞、理吉、長吉、五郎吉が入門し、このうち理吉の子ども喜代太、長吉の子ども嘉七、八蔵が入門している。このように、兄弟が次々と入門し、さらにその次の世代も入門しているなど、寺子屋に子弟を通わせることが常態化している様子をもうかがうことができるのである。

以上のように、地方城下町であった村上町においては、一八世紀においてすでに、読み書きを学習する膨大な人口が存在したことが確認されるが、他方で、女子の入門者がきわめて少ないことも、注目されるところである。一二〇〇人ほどの入門者のうち、女子とわかる者は五人しかみあたらない。これが、そのまま文字学びの状況を示すものであるかどうかは不明である。別の寺子屋に入門していた可能性もあり、また、家庭内で学んでいた可能性もあるだろう。ともあれ、入門者の大半が男子であったことは、磯部寺子屋の顕著な特徴だったといってよいだろう。

同じ村上町で、幕末期に開かれていた寺子屋として、大滝章九郎（おおたきしょうくろう）寺子屋がある。この寺子屋についても門人帳が残っている。この門人帳を検討すると、入門者のうち二割ほどが女子であった。磯部寺子屋とは著しい違いが生じているのである。これが、時代的な変化をあらわしているのか、あるいは寺子屋の性格によるものかは不明である。しかしながら、一九世紀の地方城下町においては、読み書きを学ぶ多数の女子があったことが確認されるのである。

前述のとおり、磯部寺子屋は、一七世紀から継続する寺子屋であったと思われる。おそらく、村上のような城下町においては、一七世紀から文字を学ぶことがあたりまえとなっていたのだろう。このことは、前述した小浜における一七世紀前半の寺子屋の存在や、魚屋町における花押率の高さなどからもうかがわれる。近世の日本社会には、全国いたるところに都市が形成されていた。それらの都市には、読み書きを学ぶことを当然視する住民が多数居住していたことだろう。

門弟四〇〇〇人にのぼる時習斎寺子屋

いまひとつ興味深い事例を取り上げよう。近江国神崎郡北庄村(滋賀県東近江市)にあった時習斎寺子屋は、四二七六人もの寺子が入門した寺子屋として著名である。時習斎寺子屋についても、三冊の門人帳が残されており、これにより、膨大な数の入門者の実態を知ることができるのである。詳細にこれを検討した柴田純の研究によりながら、この寺子屋について紹介しておこう(柴田純「近世中後期近江国在村一寺子屋の動向」、『考える江戸の人々』)。

門人帳は、「時習斎門人姓名録」の題名が付され、「第二番」「第三番」「第四番」の三冊が残っている。「第二番」は明和二年(一七六五)から始まり、「第四番」は明治六年(一八七三)に終わっている。一一〇九年間にわたる、きわめて貴重な記録ということができる。この間、都合五代にわたって、中村家が開いていた寺子屋であった。「第一番」が欠本となっていることから、実際の開業年代はもっと古かったはずである。ちなみに、『日本教育史資料 八』によれば、時習斎寺子屋の開業年代は元禄九年(一六九六)とされている。

内訳は、居村(中村家のあった村)である北庄村の一七四九人をはじめ、簗瀬村五五二人、位田村二六二人、小幡村二四五人、中村二三〇人など、周辺一〇カ村から夥しい数の門弟が入門している。ただし遠方からの入門者もあり、その地域は湖南から湖東、湖北にかけて広範囲にわたっており、これらの人々は、磯部寺子屋の場合と同様、中村家あるいは近隣に寄宿していたようである。

柴田は、各年次の入門者数をもとに、在塾期間を六年程度とみなして六年ごとの在塾者数を計算している。時期によって若干の違いがあるが、在塾者数は、一七七人から二九七人の範囲に分布している。つまり、時習斎寺子屋においては、一八世紀後半からおよそ一〇〇年にわたり、常時二〇〇人前後の門弟が学んでいたということになる。これは、現在の小規模な小学校にも匹敵する門弟数といえるだろう。このような学びが、公的な奨励や強制などをともなわず、まったく自主的におこなわれていたのは、驚くべきことではないだろうか。

時習斎寺子屋が存在した北庄村における入門率をみると、驚きはさらに大きなものになる。柴田は、北庄村の人口が九一〇人から九四〇人前後で推移していたのに対し、明治六年までの六〇年間に時習斎寺子屋で初歩的な読み書きを学んだ者が、八六〇人にのぼることから、北庄村では、ほとんどすべての住民が時習斎寺子屋で学んだはずだと結論づけている。六〇年間の入門者数を計算したのは、村内の人口がおおむね〇歳から六〇歳程度に分布していると考えたからであるという。つまり、この六〇年のうちに時習斎寺子屋を経ていった者の数が、人口の九割を超過するわけである。

以上から柴田は、少なくとも男子についていえば、北庄村のほぼ全員が読み書きを学んでいたと結論づけている。近代学校制度が導入される以前において、すでに皆学に近い学びの状況が広がっていたのである。

とはいえ、以上のような学びの状況が日本全国において同じように展開していたと考えるのは早計であろう。むしろ、きわめて例外的だったと考えるほうが妥当だろう。時習斎寺子屋への入門者は、そのほとんどが旧五個荘町に属する村々から来ていたが、五個荘は、近江商人を輩出した地域として著名である。現在も、近江商人屋敷が多数立ち並び、往時の町並みが保存されている。商業と密接に関係した地域だったのである。皆学に近い学びの状況は、このような地域特性を背景としたものであったと考えられる。

時習斎寺子屋においても、女子の入門率は男子に比して低い。全期間を通じて、女子の入門者は、全体の一二・一%であった。それでも時代を経るにしたがって増加する傾向にあった。明和二年(一七六五)〜明和七年(一七七〇)期には、女子の入門者は入門者全体の一二・九%であったが、慶応三年(一八六七)〜明治六年(一八七三)には、三三・〇%まで増加している。このような増加傾向は、時習斎寺子屋の居村である北庄村ではとくに顕著で、安政二年(一八五五)〜万延元年(一八六〇)には、四七・一%を占めるにいたっている。年によっては、男子を上回る数の女子が入門することもあった。北庄村では、男子のみならず女子においても、皆学に接近しつつあったといってよいだろう。繰り返しになるが、このような学びの状況が、もっぱら自発性に基づいて実現したことは、瞠目されてよいだろう。

外国人のみた幕末期日本の読み書き能力

寺子屋の発展により、読み書き能力は江戸期を通じて広範囲に普及したと思われる。青木美智男は、一六世紀後半から一七世紀にかけて来日した宣教師たちの手記と、一九世紀になってから来日した外国人の手記を比較して、両者の間に、民衆の読み書き能力に関する受けとめ方が大きく変化していることを見出している（青木美智男「幕末期民衆の教育要求と識字能力」）。前者の手記が、読み書きを学習する日本人が限定的であると記すのに対し、後者においては、多くの日本人が読み書きを学んでいることが、驚きをもって描かれているのである。以下、青木の論考よりその一例を紹介してみよう。

まずは、一九世紀初頭、国後島の測量中に捕らえられ蝦夷地箱館で幽閉されたロシアの軍人ヴァシリー・ゴローヴニンである。彼は、日本人は「天下を通じて」もっとも教育の進んだ国民であり、日本には読み書きできない人間や、祖国の法律を知らない人間は一人もいない、と記したという。

続いて、一八四八年、漂流民を装って焼尻(やぎしり)島に漂着し、その後、オランダ通詞(つうじ)、森山栄之助(もりやまえいのすけ)に英語を教えたアメリカ人、ラナルド・マクドナルド。彼も、同様のことを記している。日本のすべての人は、紙と筆と墨（矢立(やたて)）を携帯しているか、肌身離さず持っている。すべての人が読み書きの教育を受けており、手紙による意思伝達は、わが国におけるよりも広くおこなわれている、と述べている。

開港以後に訪日し、イギリスの初代駐日公使となったラザフォード・オールコックも次のように記している。日本人は知的な教養をかなり持っており、教育はおそらくヨーロッパの大半の国々が自慢できる以上に、よくゆきわたっている。

青木によれば、このほか、日本における民衆の教育を紹介した記録類は、たいてい同様の印象を記しているという。

これらの記事は、当時の日本人の読み書き能力が、日本を訪問した外国人にとって驚きをもって受けとめられる状況にあったことを示すものとして、確かに興味深い。しかしながら、いうまでもないが、日本に読み書きのできない者が一人もいない、などといったことを、そのまま額面通りに受け取るわけにはいかない。彼らがみたものは、あくまでも日本の一部にすぎず、また日本社会全体の状況を知る立場にもなかったからである。もっとも、当時の日本の全国的な教育状況についてということになれば、幕府の役人であっても、知ることはできなかっただろう。また、そもそも幕府は、そんなことにはさして関心を寄せてさえいなかったのである。現在の私たちにとっても、江戸時代の識字率、などというものを正確に知ることは不可能であるといってよい。さまざまな資料から、断片を紡ぐようにして、当時の様子を推測するほかないのである。

寺子屋の教育力

では、寺子屋では実際にどんな教育がなされ、また人々の読み書き能力はどの程度、形成されたのだろうか。そのことを推測し得る資料として、たとえば、入門者の使用した手本の一覧などがある。志摩国答志（とうし）郡鳥羽町（三重県鳥羽市）にあった栗原寺子屋は、その一例といえる。同家に所蔵される慶応二年（一八六六）の「手本習数帳」には、入門者一一〇人の使用した手本が書き上げられており、梅村佳代は、その一覧表を作成している（梅村佳代『近世民衆の手習いと往来物』）。それによれば、栗原寺子屋で使用された手本は五九種類にも及ぶが、一人の寺子が学んだ冊数としては、一冊から一六冊までの範囲に分布している。平均すると、一人五・三冊となる。

教えられた五九種類の手本のうち、使用頻度の高いものは「仮名」（六一人使用、以下同じ）、「文章」（七三人）、「人名」（六三人）、「村名」（六二人）、「五十三次（駅）」（四四人）、「国尽」（四六人）の六種類である。これらのうち、「仮名」は、平仮名をいろは順あるいは五十音順に記したものと思われる。「人名」は、人名に頻出する漢字を列挙したものであろう。これについては「名頭（ながしら）」と呼ばれる往来物が著名であるが、師匠が独自に編纂する場合もあった。「村名」は、周辺地域の村名を列挙したものであろう。これも、初歩課程の手習に頻出の教材である。往来物の概要については第三章においても述べたが、以上に示した「名頭」「村名」などは、それらよりもさらに基礎的な教材であり、多くの場合、師匠が手作りして与えた。「五十三次」は、東海道五十三次の宿駅名を列挙したもの、「国尽」は、山城、大和、摂津、河内、和泉など、旧国名を五畿七道の順に記したものである。以上のいずれも、漢字あるいはいくつかの漢字で構成される語彙を集めたものである。「文章」の詳細は不明ながら、ごく短文の文章を候文体で綴ったものであろうと思われる。

以上のように、この寺子屋で共通に教えられていたのは、仮名のほか、人名や地名に関する名詞群であり、これに若干の短文が加わった内容だったと思われる。これらの手本だけでは、ごく基礎的な漢字が習得できるにとどまるだろう。そこで、これらを基礎としながら、さらに何冊かの、比較的長文の手本が学ばれていたようである。師匠が選択して与えていたらしく、その内容は入門者によって異なっている。

さて、これらの学習によって、どれほどの読み書き能力が形成されたであろうか。梅村の作成した表によれば、入門者一一〇人のうち一九人は、先に示した頻出手本のうち一冊から四冊を習うにとどまっている。この段階で学習が終了したとすれば、習得できた文字は、仮名に加えてごく限られた数の漢字のみであったと思われる。候文体で文書が作成できるレベルではなかっただろう。これらの人を含め六一人は、習った手本が五冊以下である。もちろん、学習効果は人によって異なったであろうが、手紙や公式な文書の作成には、さらに継続的な学習が必要だったと思われる。

もちろん、なかには一〇冊以上の手本を学習している者もおり、これらの人々は、候文体で書かれた文書を読み、また作成することもある程度まで可能であったと思われる。しかしながら、一〇冊以上を学んだ寺子は一一人しかおらず、必ずしも多くない。学習がごく基礎的な段階にとどまった寺子も少なくなかったと思われる。これらの寺子が実際に公私の文書を作成できるようになるためには、実生活における文書作成の習練や、あるいは師匠についてさらに学習を継続することが必要であったと思われる。

ある寺子屋師匠の嘆き

寺子屋における教育の実態について書いた、大変珍しい資料がある。陸奥国岩手郡篠木村（岩手県滝沢市）の寺子屋師匠、武田三右衛門が記した『俗言集』という資料である。原本は岩手県立図書館に郷土資料（和本）として所蔵されているが、これを現代文にしたものが、福田武雄編著『農民生活変遷中心の滝沢村誌』に記されている。なお、同書は全編ウェブ上に掲載されており、誰でも見ることができるようになっている。『俗言集』には、弘化四年の筆写年が記されているが、原本を著した三右衛門は天保一四年（一八四三）に没しているから（『農民生活変遷中心の滝沢村誌』一一六八頁）、成立年代はその前ということになる。手習師匠の愚痴を赤裸々に記した同資料は、当時の寺子屋の実態についてのきわめて興味深い証言ともなっている。ここでは、原本をもとにその概要のみ、以下に記してみよう。

私は、百姓の子どもに手習を教えておりますが、だからといって師匠などというほどの者ではありません。貧しい子どもらは、筆や墨なども持っておらず、山折敷(やまおしき)(木のお盆)などに灰を入れ、箸を筆代わりに文字を学んでいるのです。それゆえ、これを灰書と申しています。篠木村の大人たちは、子どもや孫に、名前や書留などばかりでも学ばせたいということで、私に灰書の師匠を依頼するものですから、一四、五人ばかり預かり世話をしております。しかし一年や半年ばかり習って終わる者が多く、なかには二年や三年も習う者もおります。それらの親は、書物というものをお教えくださいと私に頼むのです。そこで、村の名前を列挙したものや、商売道具の名前を列挙したもの、あるいは百姓などが用いる文字などを教え、そのほか、さまざまな教材を教えているところです。しかしながら、成人して手紙文の遣り取りなどができるようになる者は多くありません。

私がいくら苦労して教えても、復習をしなければ、みな忘れてしまいます。また教えた内容が理解できなければ、たとえてみれば、牛馬に鼓や琴、三味線などを弾いて聞かせるにひとしく、どれほど世話をしても、すぐに忘れてしまうようなありさまです。

一年に一五〇日も習う子はまれで、三〇日も四〇日もの間、まったく机に向かうこともなく、秋仕事が終わり、雪が降る頃になれば勉強しますなどといって、確かにそれからは毎日のように習いますが、やれ穀計りだ、高返しに参りますだのといい、あるいは母親の里帰りの供をしますだの、秋餅、秋酒、嫁取り、婿取りに行って三晩泊りましただの、いろいろなことをいって、読み書きから遠ざかってしまいます。父母がさまざまな仕事を言い付けると、手習などをするよりもむしろそのほうがいいとばかりに、勉強を怠る始末です。無筆の父母などは、手習にさえ入れておけば、二年か三年で読み書きに習熟するものと思っており、うちの灰書師様は、手前の子どもには書物というものをお教えくださらないとみえ、子どもに何を読ませても、知らないとばかりいう。これは灰書師様が無精であるからに違いない。今年で三年も習わせたのに一向に埒があかない。不思議なことだ。別の灰書師様に変更してみたいものだ、などといっている者が多い。自分の子どもの無精を棚に上げて、灰書師ばかり恨んでいるとは、まったく仕方のないことです。

いかがであろうか。三右衛門のため息が聞こえてきそうな、リアリティに富む描写ではないだろうか。三右衛門は、自らを「灰書師」と呼んでいる。その理由は、文中にもあるように、紙を持参できない子どものために、お盆に入れた灰に箸などで文字を書いて教えたからである。このような方法で、果たしてどれほどの学習効果があったであろうか。一文字ずつを学ぶだけでも、その困難さは容易に想像し得る。ましてや長文の読解や作文など、不可能であったに違いない。もっとも、これは、三右衛門がことさらに自己を卑下してみせたということもあるだろう。弟子の全員が実際に灰書によって学んでいたわけではなく、紙を持参した子どももあっただろうとは思われる。

『山代誌』にみる寺子屋の実態

さらに寺子屋の実態を探ってみよう。山口県文書館に、『山代誌(やましろし)』と題する三冊の資料が保存されている。山口県玖珂(くが)郡役所が、一八九〇年に編纂したものである。山代とは、玖珂郡・都濃(つの)郡北部に位置する山村地域である。『山代誌』には、里程・地勢・公的施設の所在などをはじめとする各村の概要が記されており、そのなかに教育に関する記述もある。明治期の文書には、徳川期の状況をことさらに「未開」なものと見立て、維新の業績を賞賛するところがあり、同資料にもそのような傾向がないとはいえないが、寺子屋の教育の実態に関する具体的な記述も含まれており、貴重な証言となっている。いま、そのうちの典型的な一例を紹介しよう。なお文章は現代文にしてある。

古来、寺子屋と唱えるものがあり、子弟の教育は、みな僧侶かあるいは士族のうち学識のある者に委託して、これにより普通の教育を受けさせたものである。教育については特に勧誘することもなく、父兄の希望に任せたものであった。これにより、中等以下の人民においては、教育のいかなるものであるかも知らず、ただ農家に生まれて先祖伝来の農業を営むだけで十分であるとみなし、学問などを学ぶのは士族やあるいは僧侶・神官などのすることであり、農民には無用のものであると心得て、無学に甘んじ、子弟の教育にはまったく関心がなかった。教育を受けたのは、村のなかでも屈指の階層に属する者の子弟のみであった。このような有り様であるから、たまたま寺子屋に入学させたとしても、一定の基準を定めて教育をするわけではなく、師匠が暇なおりに読書や習字を教えるにとどまり、そのほかの時間は、師匠の家の掃除や小間使いなどをして過ごしていたのである。終日師匠の家にいたとしても、一定の基準に基づいた教育がなされるわけではないから、上達するのは容易ならざることであった。五年あるいは八年も就学したとしても、学力の程度を試験したり、学問を奨励したりするわけでもないので、ただ日用の祝儀や香典の書き方、あるいは人名や村名を習うにとどまり、普通の手紙文などにいたっては、これを作成し得るものは、一〇人のうち一人にすぎない。

以上は、ある村の教育に関する記述であるが、他村においても、その記載内容は大同小異といってよい。村内屈指のものでなければ教育を受けることもなく、またその教育を受けたとしても、手紙文を記すことができるようになったのは一〇人に一人であったという。前述のように、江戸期についての独特な過小評価があったとは思われるが、それにしても、寺子屋に入っても、手紙文の作成さえ困難であった状況がうかがわれる。先にみた『俗言集』と、奇妙に一致する証言といえるだろう。

宮本常一の祖父と寺子屋

民俗学者として名高い宮本常一(みやもとつねいち)の著書に、『家郷(かきょう)の訓(おしえ)』がある。一九四三年の出版である。宮本は一九〇七年に山口県周防大島(すおうおおしま)に生まれるが、民俗学者の目で自身の家郷について記したのが同書であった。このなかに、祖父の寺子屋での体験が記されている。宮本の生まれ年から考えて、祖父は一八〇〇年代前半に生まれた人であったと思われる。その幼少のときの記憶を、宮本は次のように書き取っている。

> その祖父も昔は寺小屋(ママ)へ行ったのである。寺小屋(ママ)へ行くのは嫌だったという。祖父に言わせると平生使いもしない字をならうのはつまらなかったという。そこでお寺へ行く風をしては山へあそびに行ったそうである。この時ならった文字は生涯のうちに自分の名を書くのと、種子物の袋にその名を書いておくのに、使ったくらいであるにすぎなかったというが、文字に対する気持だけは信仰的であった。
>
> (『家郷の訓』九九頁)

これによれば、宮本の祖父は、寺院が開いていた寺子屋に入り学習したものの、実際に習得できたのは、自分の名前や、植物の種の名前ぐらいであったという。寺子屋に入っても、祝儀・香典の表書きや、氏名、村名などを習うにとどまった、とする『山代誌』の記述とも共通する内容である。前述した志摩国答志郡鳥羽町の栗原寺子屋でも、もっとも共通して習った教材は、人名、村名、国名などの名詞群であった。これらの名詞が書けるようになる段階と、候文体で手紙文が書けるようになる段階との間に、大きなギャップが存在したようである。

宮本は、先の記述に続けて、「外祖父も寺小屋(ママ)組だったがろくに行かなかった。だがこの方は大工になったので相当に読み書きができた」と記している。これはきわめて注目される記述である。大工になったことが、相当に読み書きができるようになった背景として描かれているからである。これは、寺子屋での学習が、職業上における読み書きの実践に連続しているときに、安定した読み書き能力が保持されるということを示す事例といえる。これについては、また後で触れてみたいと思う。

村請制と識字

江戸時代の民衆は、いったいどれぐらいの識字能力を有していたのだろうか。正確に知る方法は残念ながら存在しないが、村請制(むらうけせい)が一定の識字力を前提とするものであったということが古くから指摘されてきた。江戸時代の地方行政は、藩による直接統治ではなく、多くの部分を村役人のもと村自身で管理させ、藩は城下から間接的に統治する。こうした村請制が可能であるためには、各村に読み書き計算のできる人がいなければならないとされてきたのである。実際、村役人が交替する際に藩等に提出される「跡役願書（あとやくがんしょ）」には、次の役人の候補となる者が算筆等も相応にできるということがきまって記されるようにもなっていく（工藤航平『近世蔵書文化論』）。確かに、このような地方行政運営が可能であるためには、各村に一定数の識字層が存在し、彼らが領主層と文書によって遣り取りすることが前提となっているといってよいだろう。

では、どの程度の識字層が存在すれば村請制が実施可能であったのだろうか。これについては、必ずしも十分な検討がなされてはこなかったが、近年、有力な研究の進展があった。川村肇が明らかにした、明治初期の和歌山県における識字調査である（川村肇「明治初年の識字状況」）。明治七年（一八七四）から八年にかけて実施された調査であるが、近代学校制度成立直後であり、その調査結果は江戸時代の状況とほぼ一致するものと思われる。

川村によれば、現在確認されているのは、和歌山県内の五二カ村についての識字調査であり、人口一万人以上をカバーするものである。調査は、各村の全住民（一部では七歳以上の住民）が、文通のできる者、姓名を自署できる者、文字を知らざる者の三種類に分類されている。当該地域に文通が可能だった人口がどの程度存在したかを知り得る、きわめて貴重な資料である。

川村の研究のうち、年齢制限のない全住民を対象として調査した五〇カ村についていえば、男子の自署率（「文通できる者」に「姓名を自署できる者」を加えた人数の全住民比率）は五四・五％であり、およそ半数が少なくとも自己の姓名を記すことができた。しかし文通できる者の割合は、男子の一〇・二%にすぎない。この調査の詳細については次章であらためて検討するが、自署率が村によって大きく異なっているのに対し、文通率は村による変動があまり大きくなく、おおむね一〇%の付近に分布している。男子人口の一〇%程度を占めるこれらの識字層こそ、各村における公文書の作成・管理にあたっていた人々だろう。これらの人々によって、村請制が実現されていたと考えられるのである。

川村の明らかにした和歌山県のこの調査によって、少なくとも男子人口の一〇%程度の文通可能層がいれば、村請制が十分に実施可能であったことが判明した。村請制が前提としていた識字の広がりは、意外と低いものだったといわなければならないようである。ただし、これはあくまでも候文体で流暢に手紙の書ける人口比率だということに注意が必要である。口頭語と著しく異なる候文体で正確な文章を作成するには、相当の習熟が必要であったが、そうしたいわば十全な識字力を有する者のほかに、多様なレベルの識字力を有する者が多数存在したはずである。村によって大きく異なる自署率は、このような人々の分布を示すものといえよう。それらの人々も、さまざまな方法で文字を用いた活動を展開していたと思われる。

和歌山県におけるこの調査結果は、先にみた寺子屋の学習効果とも共通するものがあるように思われる。岩手の寺子屋師匠、武田三右衛門が記した『俗言集』、山口県の『山代誌』、宮本常一の『家郷の訓』などでは、寺子屋の学習者のうち文通ができるようになる者は稀であったことが共通して書かれていた。また志摩国の栗原寺子屋で学ばれた教科書からも、学習がごく基礎的な段階にとどまった場合には、候文体で流暢に手紙文を書けるようになるには至らなかったであろうと考えられる。少なくとも、寺子屋に行きさえすれば、誰もがなんの支障もなく読み書きができるようになるというものでは必ずしもなかった。

私たちは、ともすると現代のイメージで過去の出来事をみがちである。義務教育を終えれば、基本的な読み書きができることは、現在においては当然視されている。しかしこれは、九年間にもわたり毎日登校して学習を重ねた結果であり、またあらゆる文章が言文一致体で書かれている状況が前提となっている。文字自体も楷書体で書かれ、常用漢字表などにより使用されるべき漢字数も制限されている。読み書きをめぐるこのような全体的な環境が、現在の私たちの読み書きの実践を支えているのである。寺子屋についても、現在の学校のイメージが投影されてしまっているのかもしれない。寺子屋に入門しさえすれば、基本的な読み書きができるようになったはずであると、暗黙裏にそうイメージしてしまっていないだろうか。これまでみてきた諸資料によれば、そう簡単ではなかったようである。江戸時代においては、文章は口語体と著しく異なる候文体で書かれ、もちろん常用漢字表のようなものも定められていない。文字は、草書体や行書体で書かれており、御家流が普及していたとはいえ流儀や個人によっても、崩し方が大きく異なる。これらの文書を作成し、また読解することは、現在と異なり相当に困難だったはずである。

寺子屋で学ばれる読み書きは、それ自体として完結したものというより、むしろ実生活における読み書きの実践や、あるいは学問の世界などと接続していくことにより、はじめて完結するものだったと考えるべきかもしれない。このような接続が確保されないときには、手紙文を書くことさえ難しい場合があったのである。

江戸時代における読み書きが、より実践的な習熟の過程とセットになって完結するというこのような在り方は、先にみた宮本の著書にも描かれている。宮本の外祖父は、大工であったために祖父と異なり相当に読み書きができた、と宮本は記している。大工という、おそらくは読み書きを必要とする職業と接続したために、読み書き能力が安定的に形成された事例といえよう。

商人の場合には、このことはより明瞭であったと思われる。商人にとって、読み書き計算は必須の職業能力であった。したがって、職業能力訓練の一環として、それぞれの店においても読み書きの教育がなされていたのである。入江宏の商家家訓に関する研究によれば、商家に奉公する年少者には、夜仕舞の後や朝などに手習と算盤の稽古が課されていた。また、店の若い者がその面倒をみるべきであると定めている店もあったという(入江宏『近世庶民家訓の研究』)。商店における労働能力形成の一過程として、読み書き算盤の教育が位置づけられていたのである。

いま風にいえば、オンザジョブトレーニングとでもいえようか。学習論の文脈に即していえば、これは「正統的周辺参加」の過程に読み書きが位置づけられていたと理解することもできる。正統的周辺参加とは、徒弟が労働過程に参加するなかでさまざまな知識や技量を習得していくように、学習とは、特定の実践共同体に実際に参加していく過程において実現するものだとする学習論である。人類学者のジーン・レイヴとエティエンヌ・ウェンガーが提唱したものであり、真の学習とは、具体的な状況を切り開く過程のなかでこそ成立するのだというわけである。状況に埋め込まれた学習という意味から、状況的学習論とも呼ばれている。学習を単なる個人的な知識の習得とみなすのではなく、実践共同体への参加において生じる、初心者から熟達者への移行の過程そのものを学習とみなそうというのである(ジーン・レイヴ、エティエンヌ・ウェンガー『状況に埋め込まれた学習』)。商店の丁稚が一人前になっていく過程などは、典型的な正統的周辺参加過程ということができるだろう。

しかしながら、寺子屋での読み書きの学習を正統的周辺参加の過程に位置づけるのは、この学習論の本来の趣旨からすると奇妙かもしれない。というのも、通常、正統的周辺参加のような学習の対局にあると考えられているのが学校教育だからである。学校においては、具体的な状況から切り離された知識が、網羅的に教えられている。状況的学習論とは対照的である。その学校で真っ先に、そして一貫して教えられるものこそ、読み書きである。寺子屋を近代学校のメタファーで考えた場合、寺子屋における読み書きの学習も、学校的なものとみえるが、じつは両者の間には相当に大きな違いがあると考えなければならない。江戸時代における読み書きの実践は、労働や学問など種々の実践共同体に参画する過程のなかで、はじめて十全なものとなっていくという性質を有していたと思われるからである。

江戸時代における読み書き実践のこのような性質は、じつは「往来物」と呼ばれる教材の在り方にもすでに現れている。第二章で述べたように、近代以前の日本における読み書き教材は、手紙文例集を起源として成立した。繰り返しになるが、往来する手紙文例集という意味で、それは「往来物」と呼ばれるようになったのである。江戸期には、手紙文例以外にも、知識にかかわるさまざまな教材が編纂されたが、「往来物」という呼称は最後まで維持された。その意味では、往来物を使用した寺子屋における読み書き学習も、手紙文をはじめとする種々の文書作成という実践への周辺的参加の過程であったとみることもできるかもしれない。それが十全なものとなるためには、日常的な実践へと接続していくことが必要であった。

伊勢国飯高(いいたか)郡塚本村(三重県松阪市)において、寛政四年(一七九二)から文政五年(一八二二)頃まで開業していた寺子屋、寿硯堂(じゅけんどう)は、入門した門弟の下山後(修了後)の進路がわかる珍しい事例である(梅村佳代『日本近世民衆教育史研究』)。下山後の進路を詳細に記した門人帳が残されているのである。

これを分析した梅村佳代によれば、門弟のおよそ四分の一が、伊勢国内、江戸、大坂、京都などに奉公(商店等に勤めること)に出ているという。居村である塚本村の男子に限定すると、およそ半数が奉公に出ている。つまり寿硯堂は、奉公勤めのための準備として位置づけられていたようなのである。入門期間は、一年から二〜三年と短い者が多く、また算術・算盤の教育もおこなっていたという。算盤の教育は、商店における奉公の準備であっただろう。一年程度の学習では、流暢に手紙文を書けるようにはならなかったであろうが、それでも商店における継続的な学習の基礎にはなったと思われる。寿硯堂の事例は、寺子屋が、奉公先における職業能力形成の一過程として位置づけられていたことを示すのである。

読書と教養

以上のように、寺子屋における学習は、本質的に文書作成という実践への周辺参加としての側面を有するものであったが、こうして獲得された読み書き能力自体は、それにとどまらない汎用性と普遍性を有していたことも確かである。一定の読み書き能力を獲得できれば、江戸時代になって流通するようになった、夥しい数の書籍を読むことができたであろう。たとえ流暢に手紙が書けない場合であってさえ、平仮名主体で書かれた本であれば読むことができたかもしれない。俳句や和歌、場合によっては漢詩さえ詠む者が、一般民衆のなかに無数に登場するようになるのである。なかには、さらに上級の学問塾に入門し、漢学や国学などを学ぶ者もあった。このような読書と教養の世界が、主として民衆自身の活動によって形作られていったのが江戸時代の社会であった。辻本雅史は、本を読んで勉強し知識や教養を身につけるといった、今日の私たちにとって普通のこととなっている学びの風景は、江戸時代からすでにみられるものであったとしている（辻本雅史『江戸の学びと思想家たち』）。寺子屋は、このような読書と教養の世界へと至る基礎的な教育機会ともなったのである。

杉仁は、あらゆる地域で夥しい数の人々が文化活動を展開している江戸後期の状況を、「在村文化（ざいそんぶんか）」と名づけている（杉仁『近世の地域と在村文化』）。漢学、国学を頂点として、和歌、漢詩、狂歌、俳諧などの諸文化が、生業とも結びつきながら、広狭さまざまなネットワークを形成している様を描き出している。

たとえばそのような様相を、杉は、関東地域で出版された三つの『諸家人名録』に基づいて紹介している。いずれも文政期頃（一八一八〜一八三〇）の出版とみられ、各地の文人名簿ともいうべきものであった。それによれば、信州を含めた関東地域におけるこれらの人名録には、九〇〇人を超える文人名が記載されていた。村数三〇九カ村、活動の種類は一〇二種にものぼるという。活動内容を多い順に示せば、俳諧（一二五〇人）、書（二〇九人）、花（一八三人）、画（一五五人）、詩文（一五一人）、風流（一一〇人）、盆景（盆の上に石などを並べ風景に見立てるもの。一〇四人）、狂歌（五三人）、和歌（四三人）などであり、このほか、学者（儒）、剣道・柔術、茶道、聞人、篆刻・印刻、文人、国学、算術・規矩術など、きわめて多様な文化活動が記されているのである（同書六〇頁）。

以上は関東という広域にかかわる人名録であるが、数カ村からなる小文化圏にかかわる同様の人名録が編纂される場合もあった、弘化三年（一八四六）に成立した武蔵国入間郡谷ケ貫村（埼玉県入間市）の『俳諧三十六仙』である。杉によれば、それには近隣数カ村の俳人五〇人が書き上げられている。俳書であったので、俳諧がほとんどであるが、活花、狂歌、和歌など、ここでも多様な文化活動について記されている（同書一一頁）。

このように、村役人・豪農商層が担い手となる在村文化が、江戸時代の農村社会に、海のように面状に広がっている状況を、杉は明らかにしたのであった。

越中国射水郡氷見町（富山県氷見市）の町役人を務め、また蔵宿業を営んでいた田中屋権右衛門は、『応響雑記』という日記を残した。文政一〇年（一八二七）から安政六年（一八五九）までの三三年間にもわたる、膨大な日記である。一年二冊で合計六六冊よりなるが、長くこのうちの四冊が欠本となっていた。近年、欠本のうちの一部が発見されたという。日記には、じつにさまざまなことが記されているが、そのなかに、文化活動に関する膨大な記述が含まれている（『越中資料集成七 応響雑記（上）』『越中資料集成八 応響雑記（下）』）。

たとえば、文政一〇年六月二日の記事の一部を現代文にして紹介すれば、次のようである。

本吉の妙観屋嘉蔵と申す人、俳名は春輝という方であるが、高岡の久米司と同伴でお越しになる。十丈にお会いしたいというのである。(中略)それより座敷にて十丈に会い、風談等をする。発句は次のとおりである。

七種もありし垣根の清水かな　春輝
ゆふかほやふと道癖の牛につく　〃
箸たけの草にも昼の水鶏哉　〃

(中略)

右の句を書き記し差し出されたので、十丈もこの頃の作などを出された。

ほとゝきす六角堂に森あらば　十丈
窓に人青葉若葉の山中に　〃
浮巣鳥暮れは出て遊居る　〃

春輝と号する俳人が権右衛門方を訪問し、折から氷見に来ていた俳人の十丈(じゅうじょう)にお会いしたいといってきたというのである。『応響雑記』には、このような俳人の来訪がしばしば記されている。そのたびに長期にわたって逗留させ、句会を開いては、また宴会を催している。春輝が来たときも、翌日、風雅堂と名づけられた施設で句会が開かれている。

権右衛門の文化活動のもっとも中心となるのは俳諧であったが、このほか、求められて絵画を描き与えていることも度々であった。じつに多種多様な文化活動を、しかもきわめて濃密におこなっているのである。またこれは権右衛門だけのことではなかった。氷見には権右衛門の仲間が多数おり、集まってはしばしば句会を催している。驚くような文化の豊かさである。翻って今日の私たちと比べるなら、果たしてどちらがより文化的だろうかと考えさせられる。このような濃密な文化的な活動は決して例外的ではなく、杉仁がいうように、全国的な広がりを有するものでもあった。

『応響雑記』には、書籍に関する夥しい記事も見出されるが、膨大な書籍がさまざまな形態で普及したことは、江戸時代の顕著な特色のひとつである。商業出版が成立し、書籍が商品として流通するようになり、それらを販売する店だけでなく、多数の貸本屋も成立する。収集された蔵書を地域に公開する「蔵書の家」もあった(小林文雄「近世後期における「蔵書の家」の社会的機能について」)。読書という実践が、人々の間に広がっていくのである。

とはいえ、文通と同じように、読書にも多くの困難がともなった。今日のように、すべての書籍が口語体で誰もが理解できるように書かれているわけではないからである。寺子屋でごく初歩的な学習をするだけで、すらすらと本が読めるようになるわけではなかった。読書という実践世界に参入するための訓練を、自前でおこなわなければならなかった。鈴木俊幸は、儒学の経典を自学するための書籍として『経典余師』と呼ばれる書籍が広く普及したと述べている。これは経典の読み方と注釈を平仮名で記したものであり、初学者が自学自習できる画期的な書籍であった。江戸時代とは、このように自学の時代でもあったのである(鈴木俊幸『江戸の読書熱』)。

分限による教育と文化的中間層

村役人層や豪農商層、都市の上層商人などの間に、さまざまな文化活動が、杉仁の言葉を借りれば、海のように広がっていったわけであるが、こうなると、以上のような文化的嗜みは、そうした階層の者にとって不可欠なものともなっていく。商店で奉公する人々にとって最低限の読み書きが必須であったのと同じように、村役人層・豪農商層、あるいは都市上層商人といった、いわば中間層の人々にとっては、このような教養を身につけておくことが、自らの社会的威信の保持のためにも必須となっていったのである。

寺子屋のなかには、以上のような文化的需要に対応したものもあったようである。筑後国生葉郡・竹野郡(福岡県旧浮羽郡のうち一部地域を除く)の浮羽地域には、近世期を通じて九一の寺子屋が存在したことが知られているが、このうち二五の寺子屋では謡を教えていたという(木村政伸『近世地域教育史の研究』)。教科目が判明する七七の寺子屋のうちおよそ三分の一では、実用的な文書作成とはまったく無関係の教育もされていたわけである。また、少なくとも一〇の寺子屋は、四書五経の素読を教えていたという。寺子屋のなかには、実用的な読み書きだけでなく、豪農商層などが共有している教養を教えるところもあったのである。

木村政伸は、このように村役人層やさらに上層の大庄屋層が、謡や漢詩あるいは漢文などの教養を嗜むことが必須となっている状況を「分限教育論」と名づけている。「「分」にふさわしくないものは持ってはならないのみならず、「分」にふさわしいものは必ず獲得しなければならないという規範」(同書一五頁)のことである。このような規範により、謡や学問などの教養を身につけた村役人層が、それらを身につけていないその他の百姓らを畏怖させ、地域内における地位の差別化をはかり、自らの威信を保持していたというのである。

このような、分限に基づく文化の格差化は、横田冬彦のいう「文化的中間層」とも関係する指摘である(横田冬彦「コメント　元禄・享保期における読者の広がりについて」)。戦国期の各地に存在した土豪層は、近世の兵農分離により、一方は武士に他方は百姓へと振り分けられ、身分的に分化していくこととなる。浪人を底辺とする中下層の武士に振り分けられた者にとっては、理想の武士像と自らの社会的実態との間に大きなギャップが生ずることとなる。他方、百姓へと振り分けられた者は村役人層として村政を担っていくこととなるが、身分的地位はあくまでも百姓であり、不本意であったと考えられる。このように、旧土豪層にとっては、いずれの場合も、社会的実態と与えられた身分的地位との間にずれが生じるわけであるが、これこそが学問に向わせていった原動力だったのではないかと横田は述べる。自らの身分的不安定さを、文化的権威によって補おうとしたというのである。こうして、中下級武士から中上層の百姓・町人にいたるまでの諸階層が、分厚い文化的中間層を形成していたのではないか、というのが横田の見立てである。

このような村落上層農民の読書行為や知的営為の発現は、江戸時代の解体期にかかわるものではなく、幕藩体制の確立とともに成立し、元禄・享保期にはすでに豊かに存在していた。横田は、元禄・享保期の大坂周辺農村における上層農民の蔵書と読書行為を具体的に検討し、そこに、数百冊の蔵書を有し、和歌や漢詩を自ら創作する高い文化と、村内および村を越えて展開している文化的ネットワークの存在を見出しているのである(横田冬彦「益軒本の読者」)。

文化的中間層の形成のされ方は、もちろん地域によって大きく異なっていただろうが、これらの人々が作り出していった文化は、次第に各地の豪農商層や上層商人などの間に共有されていったと考えられる。杉仁のいう海のように広がる文人は、このようにして形成されていったものであろう。また木村政伸のいう分限教育論も、そのひとつの帰結であったと思われる。寺子屋は、文書作成という実践の世界への入り口となっていただけでなく、以上のような教養の世界とも接続していたのである。しかしその場合も、読書と教養の実践は寺子屋などで完結するものではなかっただろう。近隣のあるいは広域的な文化的コミュニティに参画し、継続的に自学することによって、はじめて十全なものとなっていったのである。その意味で寺子屋教育は、実務的な文書作成の実践のみならず、文化的な実践においても正統的周辺参加過程へと接続するものだったといえるのかもしれない。

リテラシーのスペクトル

本章では、寺子屋教育の普及と読み書きの広がりについてみてきた。それぞれの資料の語るところは、きわめて多様であり、時にそれらは矛盾に満ちているようにさえ思われる。幕末期に訪れた外国人は、日本人の読み書き能力の高さに驚いていたが、寺子屋に行っても手紙文を書けるようになる者は稀であったとする資料もある。次章において詳しく触れるが、明治初期の和歌山県における識字調査によれば、文通し得る者の比率は、男子でも一〇％程度であった。他方では、これまで述べてきたように、豪農商層におけるきわめて豊かな文化活動が観測されている。いったい、どれが真実なのだろうか。結論的にいえば、そのどれもが真実だったのだろうと思われる。

識字率という言葉から私たちが想起するのは、識字能力の「有」と「無」が截然と区別されるような二分法である。しかし識字とは、このような「1」か「0」かで区分し得るものではない。まったく文字を使用しない人々から、自己の名前ぐらいは書ける人、わずかな名詞についての知識のある人、平仮名であればある程度読める人、口語体で書かれた文章なら理解できる人、候文体の文章を読みかつ書ける人、漢文を不自由なく理解できる人、俳句や和歌、漢詩などが詠める人など、識字能力はグラデーション状に展開していたと考えられる。またたとえ自分では文字を使わなくとも、音読する声を聞いたり、代筆や代書人を頼んだりすることもできる。村役人などが、重要な文書を村人に読み聞かせることも多かったはずである。文字は、個々人によってのみ使われるのではなく、コミュニティのなかで集団として機能するものでもある。江戸時代における読み書きは、地域や性、職業や身分などによって、きわめて多様な在り方をしながら、社会全体として機能していたのである。

識字のこのような多様な在り方は、もちろん日本だけではなかった。中世末のイタリアにおける読み書きについて検討した大黒俊二は、分光器で分解した色の帯(スペクトル)のようにリテラシーがきわめて多様に展開している様を、リテラシーのスペクトルと呼んでいる(大黒俊二「文字のかなたに声を聴く」)。大黒によれば、当時のイタリアにおけるリテラシーは、学問の世界における共通語たるラテン語と俗語(イタリア語)の二つの言語を基盤として、次のように分解されていたという。読むことも書くこともできない完全な非識字(A)、文字を覚えても読むだけにとどまる層(B)、一応は読み書きできるが書くほうはおぼつかない層(C)、読み書きとも不自由なくできる層(D)、ラテン語と俗語の双方で読み書きし得るエリート層(E)。このうち、(C)に分類されるものは、「限界リテラシー」と呼ばれている。書けなくはないが正規の書字規範にしたがった書き方はできないリテラシーのことである。そしてこのような限界リテラシーが、一四世紀から一五世紀のイタリアで奔流のように噴き出したというのである(大黒俊二「俗人が俗語で書く」)。

日本の場合も、漢文をリテラシーの頂点としつつ、候文体、口語に近い文体、漢字仮名交じり文、仮名文字主体の文章など、きわめて多岐にわたる文章語が存在していた。習熟度ごとに、じつに多様なリテラシーが存在していたのである。先の諸資料にみた、相互に矛盾するとさえ思われる状況証拠は、スペクトル状に展開するリテラシーのそれぞれの断面を切り取ったものだったと理解できる。生き物のように変転してやまないこのリテラシーを捉えるためには、多様なものを多様なままに受けとめる柔軟な理解力が必要なのかもしれない。

近世日本におけるリテラシーの構造

本章の最後に、近世におけるリテラシーの全体構造およびその特質について示しておくこととしよう。図4-4は、筆者が考える、近世日本におけるリテラシーの構造である。

上部には、代表的な文字文化の世界が広がっている。漢学や国学、和歌などである。このうち俳諧は、とくに各階層に広く及んでいる文化であった。

以上の代表的な文字文化の世界を、図では「文化界」という名称で表している。

下部には、これら文字文化の世界と重なりつつ、実務的な文書操作の世界が存在している。社会で取り交わされる種々の文書を読解し、また作成する世界である。役所から下達された文書を読み、必要な文書を作成し提出すること、あるいは、借金証文や請取証文、奉公人請状、個人的な書状な

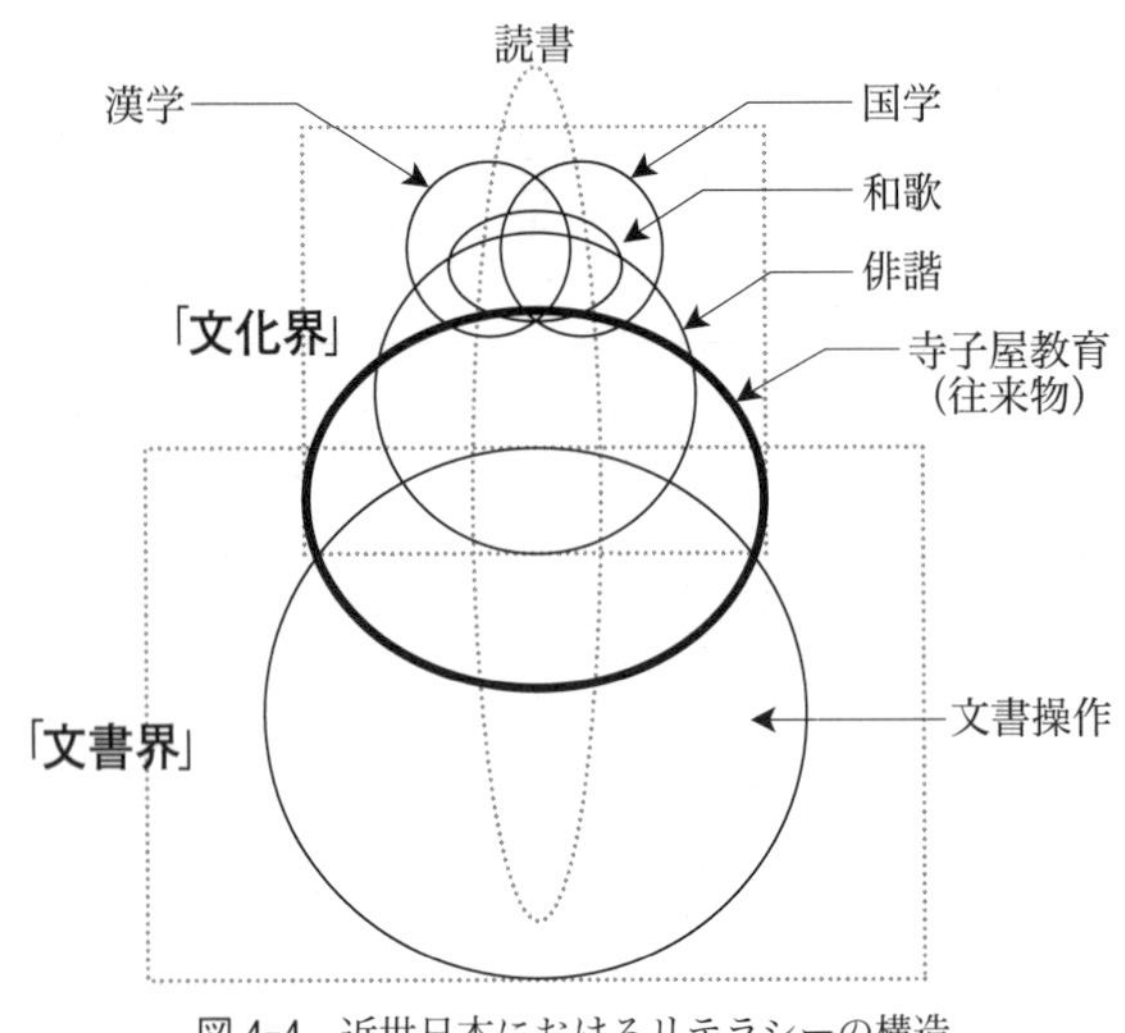

図 4-4　近世日本におけるリテラシーの構造

どの夥しい公私の文書を作成することによって構成されている世界である。これらの文書の多くは、現在と違って口頭語と著しく異なる候文体で書かれ、またそれぞれが独自の書式を有していた。村や町の役人をはじめとする文書作成者たちは、これらの文体と書式の両方に精通していなければならなかったのである。このような世界を図では「文書界」と呼んでいる。

近世日本におけるリテラシーの大きな特徴は、寺子屋において文字を学ぶ初歩的な読み書きの過程が、基本的に文書界への参画のための準備過程として成り立っていたということである。それは、寺子屋で教えられる教材が手紙文例集に端を発して成立した往来物であったことからも明らかである。候文体とそれぞれの文書の書式に精通するための教育、それこそ寺子屋が目指すもっとも中心的な目的であった。

このような初歩的な読み書き教育の在り方は、今日のわれわれからみればきわめて奇妙なものに思われる。少なくとも、今日の学校教育とは大きく異なっているといえるだろう。今日の学校教育においては、言語や文字に関する体系的で基礎的な教育が、国語教育として初歩的な段階に配置されている。借金証文のような実務的な文書作成のための教育というものは、基本的には存在していないといってよい。

とはいえ、寺子屋における学習が文書作成のための能力しかもたらさなかったわけではない。そこでもたらされる識字能力は、学問塾に入門して漢籍を学んだり、近世期に夥しく出版されるようになった種々の書籍を読んだりする場合にも、その基礎的な素養となるものであった。寺子屋における学習は、文書界のみならず文化界へとアクセスする経路ともなっていたのである。

文書作成の準備過程として成長してきた読み書きの初歩的学習は、こうして近世日本における文字社会に参画するための共通基礎となっていったわけである。別のいい方をすれば、近世日本においては、読み書きのための共通の基礎的な教育過程として、文書界への参画のために成立し成長してきた教育過程が、いわば流用され続けたのだということもできるかもしれない。

以上のような近世日本におけるリテラシーの構造は、繰り返すが往来物という独特な教材によって形成されたものであった。近世期になれば、手紙文例集という範囲を超えて、地理や歴史をはじめとするさまざまな知識を盛り込んだ往来物が編纂されるようになる。しかしそれでも、「手紙の往来」に由来するその名称が示すように、文書作成のための習練という性格を最後まで失うことはなかったのである。『明衡往来』の成立以来、八〇〇年以上にもわたって、このような教育の様式が保持され続けたことは、きわめて興味深いことではないだろうか。

明治期に近代学校が創設されると、以上のような学習のプロセスは転換していくこととなる。しかしながら、次章において述べるように、このような近世的な読み書き学習の性質を完全に転換するのは、明治期においてさえ、そう簡単なことではなかったのである。

第五章　近代学校と読み書き

明治期の識字調査

近世における読み書きの多様な展開は、幕藩制下における文書による行政統治を基盤としながらも、民間社会の自発的な活動に支えられていた。公権力は、民衆の読み書きについては禁止もしなければ促進もしなかった。明治期になると、民衆の教育水準は国家的な関心の対象となり、さまざまな識字調査も実施されるようになっていくのである。

とくに、陸軍省がおこなった「壮丁(そうてい)普通教育程度」調査は、教育程度に関する継続的な調査として、これまでも多くの研究で使われてきたものである(たとえばリチャード・ルビンジャー『日本人のリテラシー』など)。壮丁とは二〇歳に達した男子のことであり、壮丁調査とは、新たに兵役に就く者に対する新兵検査の一種であった。一八九九年以後においては、壮丁の教育程度が全国的に集計されるようになるので、全国的な識字状況を知る上でもきわめて貴重な資料となっている(なお、以下本章では主として西暦を用いる)。

いま『陸軍省第十三回統計年報』により一八九九年の教育程度を示せば、中学校卒業〇・三%、中卒同等学力〇・九%、高等小学校卒業六・二%、高小卒同等学力四・九%、尋常小学校卒業二九・四%、尋常小卒同等学力八・九%、やや読書算術をなし得る者二六・〇%、読書算術を知らざる者二三・四%となっている。これによれば、非識字率は二三・四%であり、なんらかの水準で読み書きのできる壮丁の割合は、七六・六%となる。これだけみると、随分高い識字率のようにも思われる。しかしながら、この調査は二〇歳の男子のみを対象としている点に注意が必要である。一八九九年に二〇歳となる人々は、一八七九年生まれであり、近代学校制度が導入されて以後に子ども期を過ごし、すでに学校教育の影響を強く受けている世代であった。このような世代のみを、しかも男子のみを切り取った調査結果は、当時の社会全体の識字状況とは大きく異なると推測される。

社会全体の識字状況を知るためには、単一世代だけでなく、全住民を対象とした調査が必要となることはいうまでもない。この点で、自署率調査は参考になる。滋賀県をはじめとしていくつかの県においては、六歳以上の全住民(地域によっては年齢指定のない全住民)を対象とした、自署率調査が実施されており、これまでも多くの研究において引用されてきた。

自己の姓名を記し得る者のなかには、多様な識字者が存在したと思われるから、このような指標のみをもって、識字率を考えることはできない。しかしながらこれらの調査は、広域において一定の識字力がどのように分布していたのかを知ることのできる貴重な資料ともなっている。

このうちよく知られているのは、『文部省年報』に掲載されている、滋賀県、鹿児島県、岡山県、群馬県、青森県の自署率調査である。このような調査結果を掲載することとなった経緯について、『文部省第八年報』（一八八〇年）は次のように記している。滋賀県の例である。

> 全国文化ノ現況ヲ審察シテ教育ノ及不及ヲ徴知スル事ノ施政上ニ最モ緊要ナルハ固ヨリ言ヲ俟（ま）タス是ヲ以テ輓近（ばんきん）欧米各国ニ於テハ此等ノ調査ニ著手シ其成績ヲ資（と）リテ以テ学政施設ノ方針ト為サヽルモノナキニ至レリ故ニ本邦ニ於テモ教育ノ程度ヲ覈知（かくち）スル為ニ先ツ一定ノ教育調査法ヲ設クルノ最モ要用ナル事ハ識者ノ既ニ諒知スル所ナリ然レトモ如何セン事務施行ノ順序其他百般ノ情状等アリテ未タ各地方ヲシテ遽（すみやか）ニ之ヲ挙行セシムルノ運ニ達セサル事ヲ唯滋賀県ノミハ明治十年ヨリ既ニ之ヲ実施シテ其成績ヲ報告スル事数回ニ及ヒ（後略）

要するに、全住民を対象とした識字調査は、教育の普及程度を把握する上で重要であり、欧米各国においてすでに実施されている。その重要性はすでに識者の認識するところであるが、事務施行上の順序などもあって、わが国においてはいまだ十分に実施できないでいる。しかし滋賀県においては明治一〇年(一八七七)より実施している調査があるので、ここに掲載する、というものである。これにより、自署率調査は文部省ではなく、各県が独自に実施したものであることがわかる。また その調査結果は、文部省においても教育の普及程度を把握する上で重要だと認識されていたようである。

とくに、この調査が六歳以上の全住民を対象としていることは重要である。すでに述べたように、識字調査の結果をみるときは、その調査対象を考慮することがきわめて重要である。二〇歳の男子といった、特定の世代集団(コーホート)を対象とした調査の場合、その世代の学校制度や就学率の影響を大きく被ることとなる。すでに就学率が向上している時期に生誕した世代では、先行する世代に対して識字率も向上していることが容易に予想される。これに対して、全住民調査の場合には、調査対象にすでに学齢を過ぎた世代も含まれるので、学校制度導入以前の識字状況も反映されることとなる。明治初期であれば、学校制度の効果は限定的であろうから、江戸時代の識字状況と近似したものとみることも可能である。その意義はきわめて大きいといえる。

残念ながら、これらの調査が具体的にどのような方法で実施されたのかは不明である。しかしながらたとえば滋賀県庁文書のなかには、六歳以上の住民のうち自己の姓名を記し得るものと記し得ざるものの人数を男女別に調査するよう指示した命令書が確認され、また『現行滋賀県布令類纂』などの刊行物にも同様の命令が確認される。滋賀県内の自治体史には、各村の自署率調査の結果に

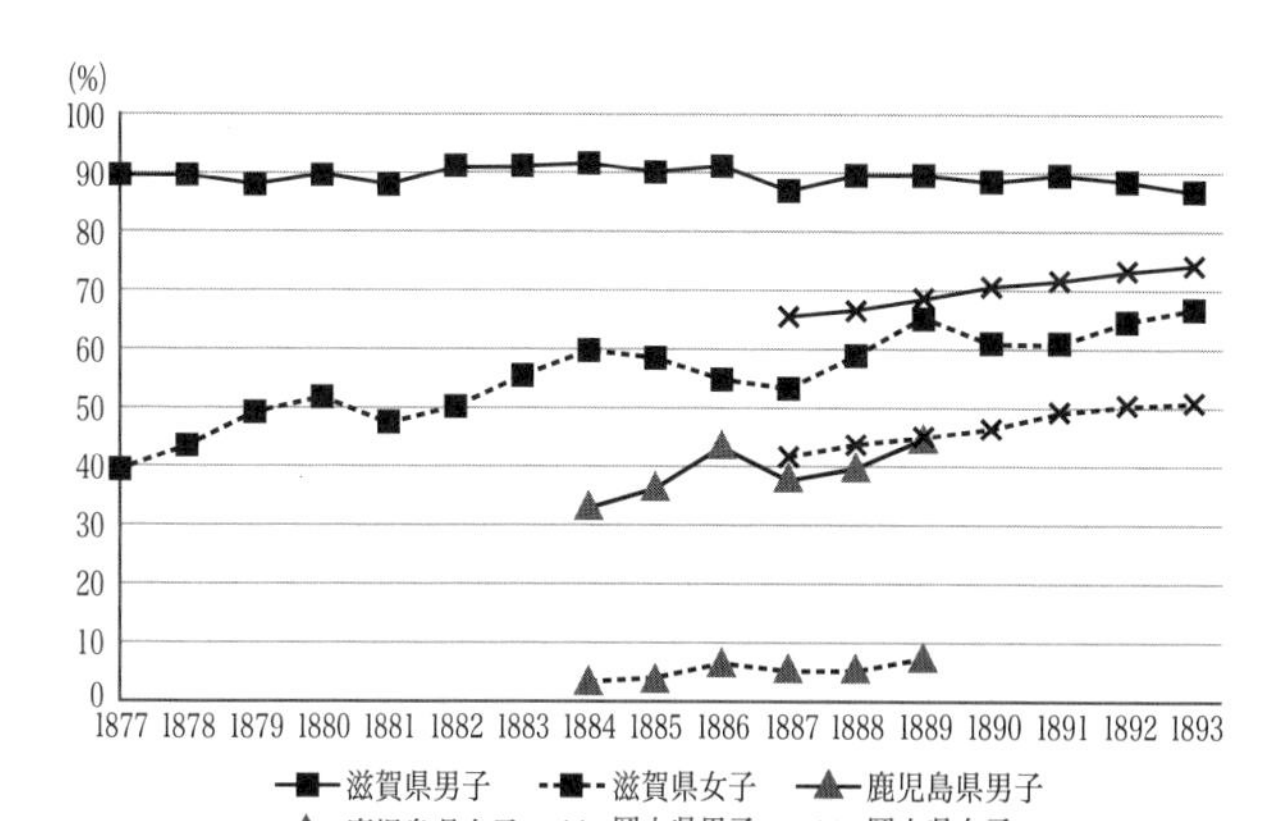

図5-1　明治期自署率の推移(滋賀県，鹿児島県，岡山県)

ついて記載しているものもあり、県庁の命により実際に各村で調査がおこなわれたことを裏付ける(八鍬友広「明治期滋賀県における自署率調査」)。

　また伊香(いか)郡については、一八九八年の調査結果が伊香郡役所文書のなかに残されている。「明治三十二年学事年報材料書」と題する文書であり、郡内一二カ村の自署率が掲載されている。学事年報作成の一環として、郡役所が調査結果をとりまとめたものと思われる(八鍬友広「滋賀県伊香郡における一八九八年の識字率」)。

　このような自署率調査のうち、一定の期間にわたってデータが掲載された滋賀県、鹿児島県、岡山県の自署率の推移を示したのが図5-1である。まず注目されるのは滋賀県における自署率の高さである。九〇%に近い男子が、すでに一八七七年の時点で自署し得る程度の識字力を有していたことがわかる。他方、同年における女子の自署率はおよそ四割程度である。男女あわせて六四％の住民(六歳以上)が、少なくとも自署し得る程度の識字力を有していたのである。一八七七年は、一八七二年(明治五年)の学制発布からわずか五年後である。したがってこの識字状況については、近代学校制度の影響はきわめて微少であったと考えられる。つまり、滋賀県においては、江戸時代においてすでに、男子の九割程度、女子の四割程度の住民が、自己の姓名を記し得る状態にあったと考えられるのである。

鹿児島県のデータは、これときわめて対照的である。一八八四年の時点で、男子の自署率は三三％であり、滋賀県に比して著しく低い。女子においては、四％にすぎない。男女合わせて、一九％の住民(六歳以上)が、自署し得る状況であった。

岡山県の場合は、滋賀県と鹿児島県の中間に位置しているが、岡山県女子の自署率が鹿児島県男子の自署率よりもむしろ高いことは注目される。

このように、明治初期における識字状況は、自署という最低限の識字能力でみても、地域間の格差、および性による差異がきわめて大きかったことがわかるのである。滋賀県男子を除いて、図が全体として右上がりのラインを描いているのは、学校教育の影響によるものと思われる。このはるか先には、すべての県において自署率が一〇〇％に接近していくこととなるが、江戸期が終了して間もないこの時期には、識字力の地域間格差がきわめて大きかったことがわかるのである。

地域内自署率の分布

『文部省年報』に掲載された調査とは別に、独自に実施された自署率調査も知られている。一定の地域における学区ごと、あるいは村ごとの自署率を集計したものや、特定の県の郡ごとの自署率を集計したものなどである。これらは、特定の地域内における詳細な自署率の分布を知ることのできる、きわめて貴重な資料であるといえる。

現時点で知られているこれらの調査を年代順に示せば、次のとおりである。

① 和歌山県の一部地域における村別自署率・文通率調査(一八七四年)

現在の海南市、紀美野町、紀の川市、かつらぎ町、美浜町の、それぞれ一部地域についての調査である。当時の自治体で五二の村の調査結果が残されている。これについては川村肇が詳細な分析をおこなっている(川村肇「明治初年の識字状況」)。

調査は、一八七四年(一部地域は翌年)に実施された。明治七年のことであり、学制の影響もまだきわめて小さかったと考えられる。したがってこの調査結果も、ほぼ江戸期の状況と一致するとみなしてよいだろう。また、自己の姓名を記し得るかどうかだけでなく、文通が可能かどうかの調査もおこなわれており、きわめて貴重な資料となっている。

② 滋賀県における郡別自署率調査(一八七七年)

滋賀県では上述の調査以外に、県内の自署率を郡別に集計したデータが『滋賀県学事年報』に掲載されている。明治一〇年の調査であり、和歌山県の調査と並んで、明治初期の自署率の地域的分布を知る上で重要である。なお、この時期には現在の福井県に属する大飯郡、遠敷郡、三方郡、敦賀郡が滋賀県に属していた。先に提示した図5-1においては現在の滋賀県部分のみのデータとなっており、数値が異なっていることを付記しておく。

③ 山口県玖珂郡における学区別自署率調査（一八七九年）

山口県玖珂郡における一八七九年の自署率が、山口県文書館の所蔵する『明治十二年学事統計出納所有品表』という資料に掲載されている。集計は学区別になされており、村別のデータではないが、地域ごとの自署率を知ることができる。年齢指定のない、全住民対象の調査であると思われる。

④ 熊本県における郡別識字調査（一八八八年）

『明治二十一年熊本県学事年報』には、同年における一〇歳以上の全住民の識字状況が掲載されている。これについては、鈴木理恵が詳細な検討をおこなっている（鈴木理恵「明治中期の識字状況」）。同資料は自署の可否のみならず、「普通ノ公文類ヲ解シ得ル者」についても書き上げており、有益な資料といえる。

⑤ 岡山県における郡別自署率調査（一八九四年）

岡山県における自署率調査についても先に述べたが、このうち、一八九四年分の自署率調査の結果が、『岡山県学事第十六回年報』に郡別に掲載されている。町村単位での詳細な状況を知ることはできないが、それでも、三二に及ぶ郡ごとの自署率を知ることができるデータである。また同資料が、世代ごとの自署率を集計していることは、きわめて重要である。

⑥ **滋賀県伊香郡の村別自署率**(一八九八年)

滋賀県伊香郡の自署率を掲載した資料についても、すでに述べたとおりである。一二カ村のデータであるが、滋賀県最北端の地域における詳細な自署率が確認し得る点で、これも貴重な資料となっている。

以上の資料から、自署可能以上の識字力を有する者の比率を示してみよう(表1)。

表には、地域全体の自署率、区分ごとの最低値、最高値、中央値を男女別に示してある。全体の自署率のほかに中央値を示したのは、極端な値に影響されにくい、より代表的な値を示すためである。表の見方について、①和歌山県の男子を事例にして述べれば、自署できる以上の識字力を有する人口比率は、地域全体で五四・五%、もっとも低い村で一九・六%、もっとも高い村で八三・二%、順位が中央となる値(この場合、順位が中央となる二カ村の平均)は五五・八%となる。これにより、当該地域における自署率の分布についてイメージすることが可能となる。自署できる以上の識字力を有する男子人口が二割に満たない村から、八割の男子が自署以上の識字力を有していた村まで、きわめて多様な状況であったことがわかるのである。

表の中でとくに注目されるのは、②滋賀県男子の自署率の高さである。すでに九割に近い男子が、自己の姓名を記し得る程度の識字力を有していた。後年の調査になるが、⑥滋賀県伊香郡の自署率調査においても同様の結果であることから、男子自署率の均一な分布は、村単位でみても同様であった可能性がある。第四章で紹介した時習斎寺子屋の事例を思い起こしていただきたい。このような自署率の高さは、近世期においてすでに実現していたものと考えられる。

しかしながら、その他の地域の自署率調査の結果をみれば、滋賀県の状況は全国的には、むしろ例外的であったと考えなければならないだろう。③山口県玖珂郡や④熊本県などでは、自署率は依然としてかなり低い段階であったことがわかる。とくに、女子においては、自己の姓名さえ記し得ない人が大多数を占めていたのである。

このように日本の識字状況は、明治期においてもきわめて多様な分布をなしていた。性や地域によって、また同一県内、同一郡内においてさえ、きわめて大きな格差があったことがわかるのである。

最低	最高	中央値
19.6%	83.2%	55.8%
0.0%	20.6%	2.5%
9.5%	51.8%	29.5%
66.5%	95.4%	89.5%
11.1%	64.4%	36.2%
50.6%	77.6%	61.5%
19.3%	98.3%	56.4%
0.0%	68.5%	6.3%
12.7%	67.7%	31.7%
31.1%	76.2%	63.5%
2.4%	45.3%	16.1%
17.8%	58.9%	41.6%
52.5%	92.8%	72.7%
27.0%	79.8%	49.7%
40.2%	86.7%	62.6%
80.0%	100.0%	97.1%
26.5%	80.9%	49.9%
58.0%	90.5%	71.9%

自署率と識字

これまで、自署能力をもって最低限の識字力を有するものとみなして議論を進

表1　明治期地域別自署率の分布状況

地　域	調査年	区　分	対象人口	性別	全体
①和歌山県の一部地域	1874	海南市等の地域 50村別全住民	6,776	男子	54.5%
			6,738	女子	4.8%
			13,514	男女	29.7%
②滋賀県（現福井県の一部を含む）	1877	16郡別 6歳以上	297,866	男子	87.6%
			299,688	女子	38.8%
			597,554	男女	63.1%
③山口県玖珂郡	1879	88学区別 全住民	69,532	男子	55.0%
			65,329	女子	16.5%
			134,861	男女	36.4%
④熊本県	1888	16郡別 10歳以上	416,458	男子	56.0%
			367,904	女子	15.5%
			784,362	男女	37.0%
⑤岡山県	1894	32郡別 6歳以上	525,686	男子	75.4%
			480,736	女子	52.2%
			1,006,422	男女	64.3%
⑥滋賀県伊香郡	1898	12村別 6歳以上	15,476	男子	93.1%
			15,332	女子	50.4%
			30,808	男女	71.9%

①和歌山県のデータは全住民を対象として実施された地域のみ取り上げている．
②滋賀県のデータには現在の福井県の一部が含まれる．

めてきた。繰り返しになるが、自署できるからといって、自由に読み書きができるわけではない。自署がどの程度の識字力を表しているのかを知ることは残念ながらできないが、自署と文通の関係については、川村肇が明らかにした①和歌山県の事例により知ることができる。第四章でも少し触れたこの事例では、和歌山県内の一定の地域を対象に、全住民を、文通のできる者、姓名を自署できる者、文字を知らざる者の三種類に分類している。

川村の論考には、五二カ村すべてのデータが掲載されているので、これにより、自署可能率（自署以上が可能な者の比率ではなく、自署できるが文通はできない者の比率）と文通可能率の相関図を作成してみると、図5-2のようになる。なお、調査は基本的に全住民を対象としているが、一部の村では、七歳以上の住民のみが対象とされているようである。したがってここでは、全住民を対象とした調査結果のみ（五〇カ村）を使用している。

グラフは男子に関するものであるが、横軸にそれぞれの村の自署可能な住民の比率、縦軸に同じく文通可能な住民の比率が示されている。その両者を合算すると、その村における識字層全体の人口比率となる。たとえば、文通率がもっとも高い、グラフの中心近くにあるドットは動木（とどろき）村であるが、同村では、すべての男子住民のうち、自署可能な者は四八％ほど、文通可能な者は三五％ほどである。両者をあわせ八三％の男子が、なんらかの識字力を有していたこととなる。

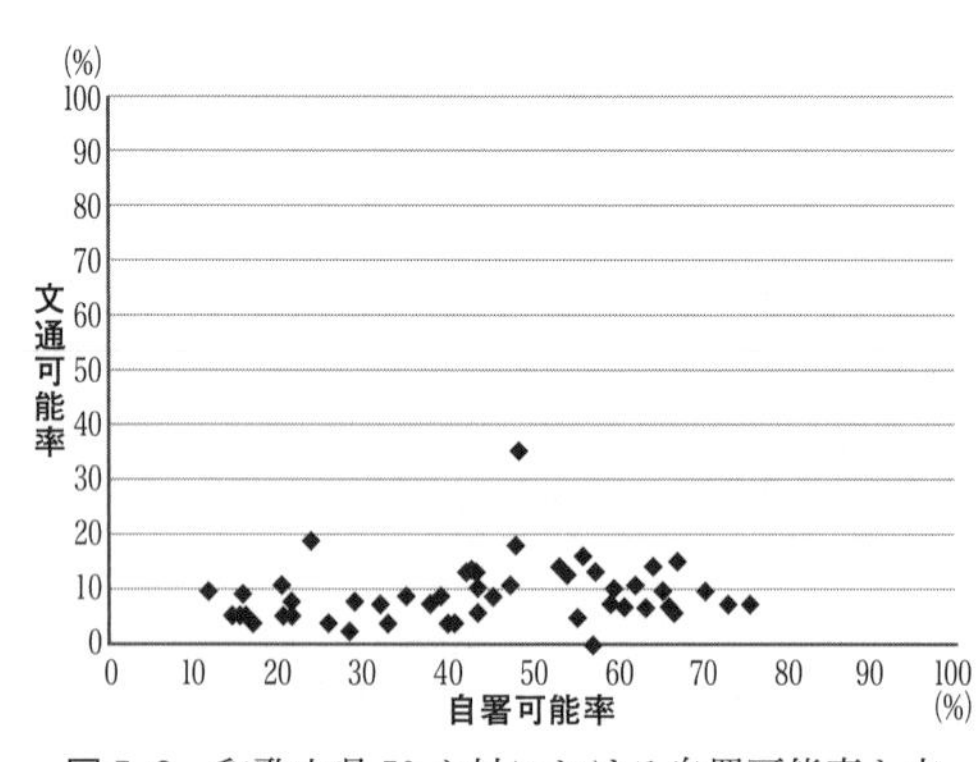

図5-2　和歌山県50カ村における自署可能率と文通可能率（男子，1874年）

このグラフから、重要なことがいくつもわかる。まずは自署可能率に注目してみよう。ドットが横長に広がっていることから、村によって状況が大きく異なることがわかる。一二％から七六％の間に分布している。これらの人々は、文通はできないが、自分で署名ができる人々である。このなかには、きわめて多様な識字力を有する人々がいたと思われる。仮名で書かれたものであれば支障なく読める人や、漢字仮名交じりでもある程度なら理解することができる人、正式な候文体で流暢に手紙文は書けないが、たどたどしい文面ならある程度書ける人などである。

これに対して、文通の可能な人口割合は、きわめて一様であるといってよい。一〇％プラスマイナス五％の範囲に、全体の七六％が入っている。先に示した動木村のような高い値は例外的であった。多くの村では、文通可能な男子人口は、一〇％程度である。

自署可能率と文通可能率との間に、相関関係がみられないことも、このグラフからわかる重要な点である。普通に考えれば、自署可能率が高い村ほど文通可能率も高い、といったことが想定されるであろう。しかしそのような関係はみられない。文通できる人の割合は、一部の例外地域をのぞいてほぼ一定であり、村内の限られた層のみによって構成されていた。おそらくそれは、名主・庄屋をはじめとする村の指導的な立場にある人々であっただろうと思われる。これらの階層とは別に、さまざまな水準の識字力を有する人々がきわめて多様に存在していたが、各村において一〇％前後を占める文通可能層は、これらの人々とは明確に区別される存在だったのではないかと思われる。

リチャード・ルビンジャーは、江戸時代の農村には、「二つの文化」が存在したと述べている。ひとつは村の頂点にいる指導層の高い読み書き能力であり、もうひとつは圧倒的多数の人々の低い読み書き能力である。このような構造は一九世紀になっても残存していたとしている(『日本人のリテラシー』二二七頁)。もちろん、この両極を埋めるように、多様な識字層が存在したことを前提としてのことであるが。和歌山県調査における一〇%前後の人々は、ひとつめの文化を担っていた人々であったと思われる。その対局には、文字をまったく使用しない別の文化を担っていた人々がいる。そしてその両極の間を、多様な識字層が埋めていたであろう。

鈴木理恵が明らかにした熊本県における識字調査も、これと同様の価値を有するものである(「明治中期の識字状況」)。すでに述べたように、この資料には、自署可能、自署不能のほかに、「普通ノ公文類ヲ解シ得ル者」についての調査結果が掲載されているからである。これによれば、一八八八年の熊本県において、一〇歳以上の住民のうち公文類を理解し得る者は、男子で一一・〇七%、女子で一・五五%であった。相対的に公文理解率の高い男子でみても、一六の郡のうち七つの郡は一〇%未満、八つの郡が一〇%台となっており、二〇%を超えるのは熊本区のみとなっている。女子では一〇%を超える郡は存在していない。和歌山県の調査結果と同様に、公文類を理解できる者の比率は、この時期においてもきわめて低かったことが確認できる。

以上のように、和歌山県および熊本県の調査は、私たちに多くの示唆を与えている。もちろん、これもまた個別の事例にすぎない。しかしながら、候文体で手紙文を作成したり公文書を理解したりすることが、当時の人々にとってどれほど困難なものであったのかということをうかがい知ることのできる事例といえる。

長野県北安曇郡常盤村の識字調べ

一定の地域内のより詳細な識字力調査として、一八八一年に実施された長野県北安曇郡常盤村の調査結果が知られている。北安曇郡誌編纂の過程で発見され、小林恵胤がその詳細を報告している（小林恵胤「明治一四年の識字調」）。常盤村の男子住民の識字力の詳細を知ることができるため、これまでも度々紹介されてきた。

小林によれば、資料は旧常盤村役場倉庫に保存されていたもので、一五歳以上のすべての男子住民の識字力を、八段階に分けて個人ごとに記載している。調査は五カ月を要するような、実に厄介なものであったと小林は述べている。きわめて稀有な資料ということができるだろう。表2は、この調査の結果を示したものである。

表によれば、一八八一年の常盤村においては、男子の三五・四%が自己の姓名さえ記し得ない状況であった。自名・自村名のみ記し得る者は四一・二%、帳簿や書簡等の、なんらかの文書作成が可能であった者は合計で二三・五%となっている。実用的な文書作成がなし得る者のうちでは、日

表2　長野県北安曇郡常盤村における男子住民の識字調査(1881年)

分　類	人数	割合
白痴ノ者	0	0.0%
数字及自名自村名ヲ読且記シ得ザル者	312	35.4%
較自名自村名ヲ記シ得ル者	363	41.2%
較日常出納ノ帳簿ヲ記シ得ル者	128	14.5%
普通ノ書簡幷証書類ヲ自書シ得ル者	39	4.4%
普通公用文ニ差支ナキ者	17	1.9%
公布達ヲ読得ル者	8	0.9%
公布達新聞論説ヲ解読シ得ル者	15	1.7%
合　計	882	100.0%

（小林恵胤「明治14年の識字調」による）

常出納の帳簿を記し得る者が、一四・五％と比較的多い。帳簿の場合には、品物や人名などの名詞、日付や金額などを記載すればよく、必ずしも文章を作成する必要がなかったからではないだろうか。これに対して、書簡・公用文・公布達・新聞等の文書を作成または解読できる者は合計七九人であり、男子の九・〇％にとどまっていた。これまでもしばしば述べてきたように、これらの文書は候文体で書かれるため、読んで理解することも作成することも容易ではなかったためであると思われる。候文体が、十全な識字に到達する上で、大きな障害であったことを示すものといえるだろう。

本書においてこれまで取り上げてきた「自署率」は、自署以上の識字力を有する者の比率である。常盤村の調査結果にあてはめてみれば、「数字及自名自村名ヲ読且記シ得ザル者」以外のすべての者がこれに該当する。これらの人々の占める割合を常盤村の自署率として算出すると、六四・六％となる。先にみたいくつかの地域の男子自署率と比較すれば、和歌山県内五〇カ村(五四・五%)、山口県玖珂郡(五五・〇%)よりも高く、岡山県(七五・四%)よりもやや低いという状況であった。調査年代も調査対象も異なっているので、単純な比較はできないが、自署率としてはそれほど低いとはいえない。

これら自署可能な者のうち自署(自名・自村名)のみ可能な者の占める割合は、六三・七%、なんらかの実用的な文書作成が可能な者三六・三%となる。自署可能な者のうち書簡以上の文書の作成・解読が可能な者の比率を算出すると、一三・九%となる。すなわち、自署可能以上の識字力を有する者のうち、六割以上はほぼ自署のみにとどまり、他方、自署可能な者のうち三人に一人はなんらかの形で文書の作成等に関与し得たということも、本資料から判明する重要な事実である。

小林の論稿には、年齢別の識字力分布についての数値も掲載されている。詳細は論稿を参照いただくこととして、ここでは、小林の論稿に記載されているデータから、年代別識字力分布状況を図示してみよう(図5-3)。

ここから、年齢が下がるにしたがって、自署さえもなし得ない者の比率(非識字率)は低下し、自署以上の識字力を有する者の割合が増大していることがうかがわれる。とはいえ、いずれの年代においても、書簡等を読み書きし得る者は、きわめて少ないことがわかる。

このデータの重要性は高いといえるが、あくまでも特定の一村に係るものであり、いうまでもなく安易な一般化は戒めるべきであろう。しかしながら、その調査結果は、先にみた和歌山県内五〇

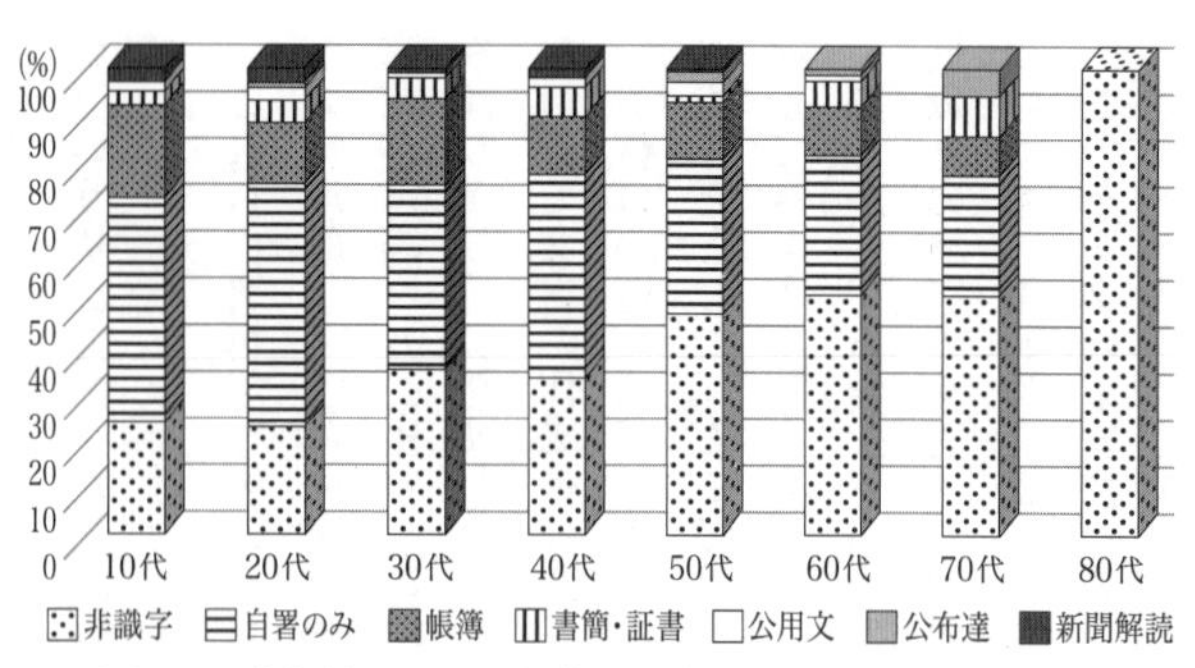

図 5-3　常盤村における年齢別識字力分布(男子，1881 年)

カ村、および熊本県における文通率が一〇%程度であったこととも符合するように思われる。少なくとも、これらの事実から、口頭語と著しく異なる文体で記される文書を作成することが、一定の識字力を有する者にとってさえきわめて困難であったことを確認できるのではないだろうか。文書作成にかかわるこのような困難は、学校教育が十分に普及し、口頭語と同一の書記言語、すなわち言文一致体が社会において広く通用するようになるまで継続していたと思われる。

石川県における徴兵適齢受検者に対する教育調査

『文部省第十六年報』には、一八八八年(明治二一)の石川県における徴兵適齢受検者に対する教育調査の結果が掲載されている。これには、識字力のみならず計算力についての調査結果が含まれている。いま、それを示せば**表3上**のようになる。

ここで「往来文ヲ裁シ」とあるのは、手紙文の読み書きができることであり、先にみた和歌山県における「文通」と同様で

表3　石川県における徴兵適齢受検者の教育調査（1888年）

往来文ヲ裁シ四則算ヲナシ得ルモノ	1253	27.3%
往来文ヲ裁シ加減算ヲナシ得ルモノ	518	11.3%
姓名ヲ記シ四則算ヲナシ得ルモノ	48	1.0%
姓名ヲ記シ加減算ヲナシ得ルモノ	338	7.4%
往来文ヲ裁シ得ルモノ	98	2.1%
四則算ヲナシ得ルモノ	2	0.0%
加減算ヲナシ得ルモノ	12	0.3%
姓名ヲ記シ得ルモノ	1622	35.4%
書算ヲナシ得サルモノ	692	15.1%
合　計	4583	100.0%

	計算不可	加減算	四則算	合 計	割 合
非識字	692	12	2	706	15.4%
姓名自署	1622	338	48	2008	43.8%
往来文	98	518	1253	1869	40.8%
合 計	2412	868	1303	4583	
割 合	52.6%	18.9%	28.4%		100.0%

（『文部省第十六年報』による）

あると思われる。また単に「往来文ヲ裁シ得ルモノ」などのように、計算力について言及していない項目は、加減算さえなし得ないことを意味するものと思われる。以上からこの調査が、識字力については「非識字」「姓名自署」「往来文」の三段階に、計算力については「計算不可」「加減算」「四則算」の三段階に分け、それらを組み合わせて集計されたものであることがわかる。

この表に基づいて、識字力、計算力のクロス集計表を作成すると、**表3下**のとおりとなる。

まず識字力に注目してみると、

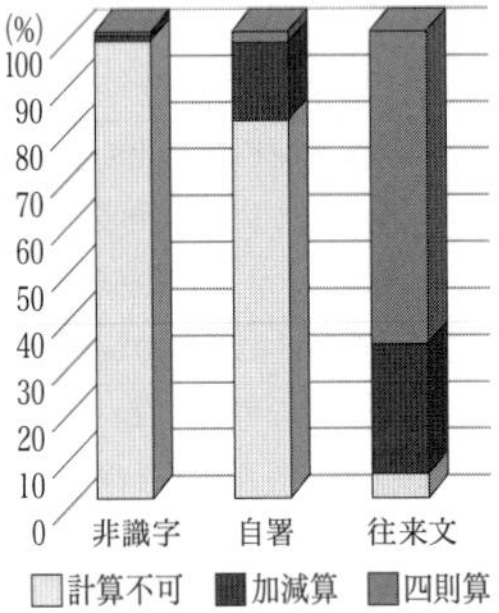

図5-4　石川県徴兵適齢受検者の教育調査における識字力と計算力（1888年）

非識字者一五・四%、姓名自署のみ可能な者四三・八%、往来文の読み書きが可能な者四〇・八%となっている。先にみた和歌山県五〇カ村（表1の①）の男子においては、自署以上が可能な者五四・五%のうち、姓名自署率四四・三%、文通可能率一〇・二%であったから、姓名自署率はほぼ同水準であるものの、文通可能率においては石川県のほうが三〇%以上増大していることがわかる。

もちろん、両者を同列に比較することはできない。和歌山県の調査が、一八七四年における全住民調査であるのに対し、石川県の調査は一八八八年における徴兵適齢男子、すなわち二〇歳の男子のみを対象としたものだからである。前者が、学制発布二年後の調査であり、また全住民が対象となっていることから、学校教育の影響はきわめて限定的であったと考えられるのに対し、後者は、学制発布一六年後の二〇歳の男子が対象であるから、すでに学校教育の影響を色濃く受けているものと思われる。往来文の読み書きと四則算の両方が可能であった者のなかには、学校で教育を受けた者が多数含まれていたはずである。

ちなみに、明治初期の石川県の男子就学率は、一八七四年に三四・〇五%、一八七五年に四四・四四%であり、一八七六年には七一・八三%まで上昇する（『石川県教育史 第一巻』二三〇頁）。これに対し、徴兵検査における「往来文」「四則算」の両方をなし得る者(一二五三人)の割合は、二七・三%にとどまり、就学率よりもかなり低い。当時の就学率統計が、実態と相当にかけ離れたものであることはよく知られているが、徴兵検査は、このような実態をあぶり出す結果ともなっている。

計算力に注目してみると、計算不可者五二・六%、加減算のみなし得る者一八・九%、四則算をなし得る者二八・四%となっている。全体として識字力に比して低い傾向をみてとることができる。徴兵年齢の男子において、半数以上の者がまったく計算ができない状況であったことは驚きである。学校教育が一定の影響力を及ぼしている世代においてさえこのような状況であったとすれば、江戸時代における計算力はもっと低かったであろう。

ちなみに、識字力の程度ごとに、各集団内の計算力の分布を割合で示すと図5-4のようになる。識字力と計算力の関係に着目すると、非識字者において計算不可率が高く、往来文の読み書きが可能な者において計算力も高い傾向となっている。ただし、非識字者のなかにも、ごくわずかながら加減算や四則算が可能であった者がいることもわかる。

岡山県における明治期の識字状況

さらに各地の事例を検討してみよう。『岡山県学事第十六回年報』には、一八九四年の自署率調査結果が掲載されている。六歳以上の者およそ一〇〇万人をカバーした調査であり、自署率の分布を郡別・世代別に知ることのできる貴重な資料である。その概要はすでに表1の⑤に示したが、ここでは世代別の自署率に着目してみよう。

同年報には、「六歳ヨリ十四歳」「十四歳ヨリ三十歳」「三十歳以上」の三つに区分されて「自己ノ姓名ヲ記シ得ルモノ」「自己ノ姓名ヲ記シ得サルモノ」の数が、郡別に書き上げられている。それぞれの分類で一四歳、三〇歳がいずれの区分に入るのかは定かではないが、これにより、世代別の自署率を知ることができる(表4)。

表4 岡山県における世代別自署率(1894年)

	男子	女子	全体
6-14歳	80.3%	62.9%	72.1%
14-30歳	81.3%	59.4%	71.0%
30歳以上	69.3%	43.5%	56.8%
全体	75.4%	52.2%	64.3%

(『岡山県学事第十六回年報』による)

表からわかるように、三〇歳以上の者のうち自署可能な者(男女)は五六・八%にとどまっているが、六歳から一四歳までの者(男女)においては七二・一%まで上昇している。一八九四年時点で三〇歳以上の者にとって、学校教育の及ぼした影響は比較的微弱であると考えられる。したがってこの数値は、江戸時代の同地域の識字状況の一端を示すと考えることができる。これに対して六歳から一四歳までの者は、学校教育の影響を強く受けていると考えられる。自署率の上昇は、学校教育が若年世代の識字力を引き上げつつあった状況を示しているといえよう。

世代別の自署率を子細に検討すると、先行世代の自署率と次の世代の自署率との間には興味深い相関がみられる。図5-5は、三〇歳以上の自署率と一四〜三〇歳の自署率の関係を郡ごとに示したものである。たとえば一番右上のドットは岡山郡であるが、三〇歳以上の自署率八四・二％、一四〜三〇歳の自署率九〇・〇％であることを示している。

図からすぐにわかるように、両世代の自署率には強い関係があり、三〇歳以上の自署率が高い郡ほど、一四〜三〇歳の自署率も高いという顕著な傾向をみてとることができる。このような二種類のデータの関係性の強さを示す指標として「相関係数」がある。詳しい説明は省くが、二つの変数を使って導き出された数値はマイナス一からプラス一の範囲に分布し、マイナスの場合は右下がりの、プラスの場合には右上がりのグラフとなる。ゼロの場合は双方のデータに相関はなく、絶対値の一に近づくほど、両者の相関が強いことを示す。相関係数が一となる場合は、グラフ上のドットが一直線に並ぶこととなる。岡山県における三〇歳以上の自署率と一四〜三〇歳の自署率との相関係数は〇・九四であり、一に近接するきわめて強い相関があるといえる。グラフ上においても、右上がりの直線に近似している。つまり、先行世代の自署率が高い郡ほど、次世代の自署率も高いという関係が顕著なのである。三〇歳以上の住民の多くが近代学校教育とは無縁であったことから考えれば、このような関係は江戸時代以来のものであったと思われる。

以上に対して、三〇歳以上の自署率と、より若年世代である六〜一四歳の自署率との関係を示したのが、図5-6である。この図においても右上がりの傾向は同じであるものの、三〇歳以上と一四〜三〇歳の関係と比べれば、両者の関係はややばらけている。相関係数は〇・六一であり、依然として正の相関を示しているものの、その関係はやや弱化しているといえよう。

六～一四歳は、一八八〇年から一八八八年に生まれた世代であり、学校に就学中の者も多数含まれていたはずである。学校教育が普及すれば、当然、就学者は自署程度の初歩的な識字力を獲得す

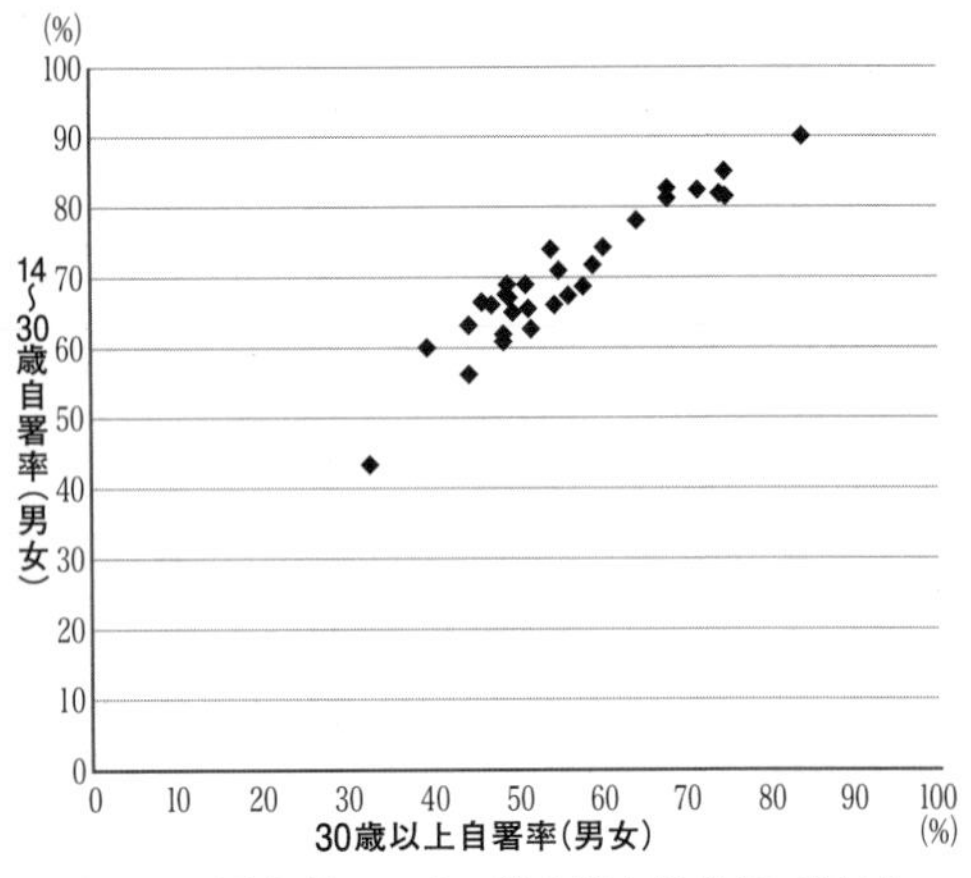

図5-5　岡山県における世代別自署率(30歳以上男女と14～30歳男女，1894年)

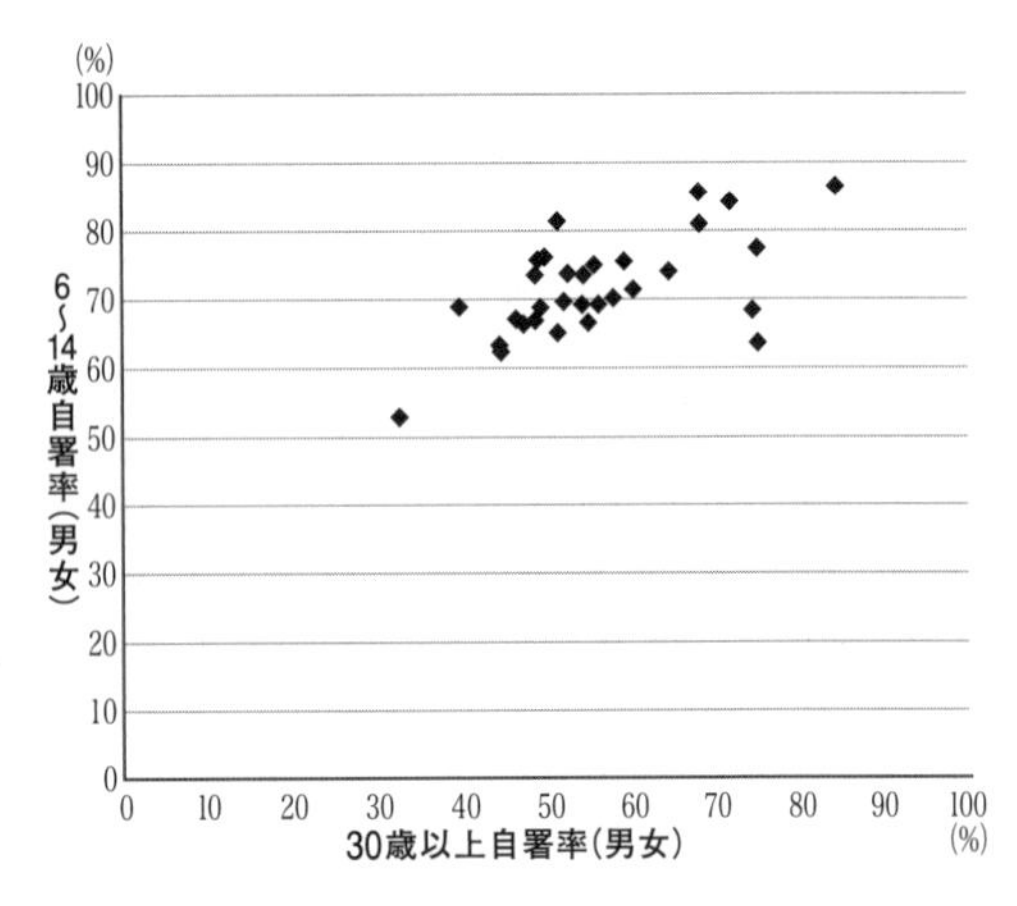

図5-6　岡山県における世代別自署率(30歳以上男女と6～14歳男女，1894年)

ることになるから、先行世代における識字状況よりも、就学率に示されるような学校教育の普及状況との関係が強まっていくと思われる。このため、先行世代における自署率との関係がわずかながら弱まりつつあった状況を示すものとみることができよう。

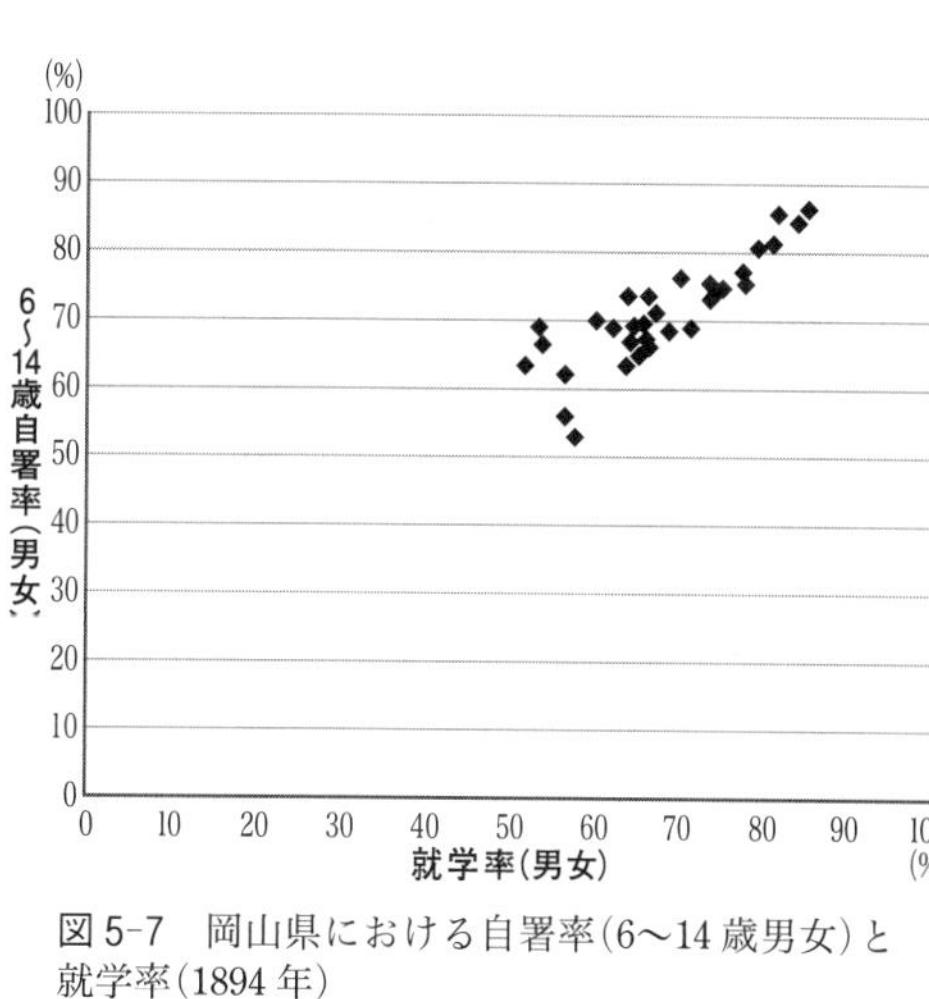

図5-7　岡山県における自署率（6〜14歳男女）と就学率（1894年）

実際、六〜一四歳の自署率と就学率との間には、先行世代の自署率との関係以上の強い関係があった（図5-7）。この図からもわかるように、就学率が高い郡ほど自署率も高いという傾向が顕著であり、就学率と六〜一四歳の自署率の相関係数は〇・八六である。若年世代の自署率は、先行世代の自署率との関係に代わって、就学率との間に、より強い関係を有するようになっていたのである。

以上のように、岡山県における識字調査は、江戸時代に由来すると考えられる世代間の識字状況の強い相関関係を、近代学校がいままさに弱化させつつある様相を捉えたものとなっている。それは、もっとも初歩的な水準で測定できる識字力が、学校教育によって次第に拡充し、標準的なものとなっていく過程でもあった。このようなプロセスをデータとして明確に残した点で、きわめて貴重な調査であった。

もっとも、近代学校制度そのものは、このような初歩的な識字力を標準的なものとしつつも、中等教育や高等教育機会の偏在により、社会的な格差を絶え間なく作りだしてもいった。これは、教育と社会格差にかかわって、現代に通じる課題ともなっている。しかしながら、初歩的な識字力をはじめとする標準化された学力を、広範囲にしかも短期間に分配したという点で、近代学校制度の導入は日本の歴史においてかつてない出来事であった。岡山県におけるこの調査は、近代学校教育が多くの人々の識字状況を急激に変容させていきつつあった、まさにその瞬間を捉えたものだったのである。

史上空前の学びのキャンペーン

日本における近代学校の設立は、一八七二年の「学制」によって全国的に着手されたものである。じつは、この学制発布に前後する一〇年ほどの時期こそは、日本の歴史上、文字通り空前の規模で学びのキャンペーンが展開された時期でもあった。後にそれは強制をともなう学校への動員となっていくのであるが。

明治期の学びのキャンペーンといえば、誰もが思い起こすのは、学制と同年に初編が刊行された福沢諭吉の『学問のすゝめ』であろう。冒頭に掲げられる「天は人の上に人を造らずと云へり」の一節はよく知られている。同書は続いて、「天より人を生ずるには、万人は万人皆同じ位にして、生れながら貴賤上下の差別なく」と記す。生まれながらに身分が決定される身分制下に生きてきた人々にとって、このような主張はきわめて驚くべきものであっただろう。『学問のすゝめ』のポイントは、天が人間の上下を造ったのではないのなら、現実の世界に賢人と愚人の別や、「むづかしき仕事」をする人と「やすき仕事」をする人の別があるのはなぜなのか、ということである。これらは天が定めたものなどではなく、ひとえに学問をするかどうかにかかっているのだという。それゆえ誰もが学ばなければならないというわけである。全一七編からなる同書について福沢は、延べ三四〇万冊が流布したと述べている(『福沢諭吉全集 第三巻』)。当時の人口がおよそ三〇〇〇万人であったことを考えれば、驚異的な売れ行きだったといえよう。

以上のような福沢の主張と類似した説明は、学制発布に際して付された布告書のなかにもうかがうことができる。学制は、全国に五万三七六〇校もの小学校を設立することを企図した、日本における最初の体系的な教育法令である。人口がおよそ一億二〇〇〇万人である現在の小学校数が二万校に満たないことを考えれば、学制がいかに気宇壮大な計画であったかを知ることができる。

全一〇九章にもわたる長大な法令である学制には、条文に先立って、就学と学びとを勧奨する文書が付されている。タイトルは特についていないが、研究者らが「学制布告書」と呼んでいる文書である。漢字平仮名交じり文で記し、振り仮名として漢字の右側に読みを、左側にその意味を示してある。一般人民に対する説諭の本気度があらわれた構成といえるだろう。

学制布告書はまず、学問を人々が身を立てるための元手であるのだと言い切り、それゆえ人たるものは誰も皆、学ばなければならないと強調する。また、人が路頭に迷い飢餓に陥り破産し身を失うのは、すべて学ばないことによってこのような過ちを生ずるのであるという。『学問のすゝめ』と同じ論理構成といえよう。学問とは以上のようなものであるのにもかかわらず、これまでこのことが理解されておらず、学問などは武士以上の者がするものであると誤解し、農工商および婦女子に至っては、学問を度外視してきた、また武士以上で稀に学ぶ者も、ややもすれば学問を国家のためにするのだなどと誤解し、それぞれが身を立てるために学問をするのだということが理解されていない、などと布告書は述べている。これからはこのような誤解をあらためるため、村に学ばない家が一戸もないように、家に学ばない人が一人もいないようにすることを目指すのだ、というわけである。かくして、先にみた壮大な学校制度が構想されたのであった。

就学告諭の世界

学びのキャンペーンは、政府が法令を発布するだけにとどまらなかった。学校に入学しそこで学ぶことを勧める告諭が、全国各地で作成され発表されたのである。府・藩・県の地域政治指導者たちが発表したこれらの言説は、「就学告諭」と呼ばれている。

荒井明夫らは、全国に存在する就学告諭を収集しその全容を明らかにしつつある(荒井明夫編『近代日本黎明期における「就学告諭」の研究』)。それによれば、就学告諭が作成されたのは、一八六八年四月から、一八八五年九月までの間で、その数四〇一件にのぼる。これまで、熊本県と鹿児島県を除くすべての府県において確認されており、もっとも多い長野県では、二〇件もの告諭が作成され人民に説諭されていたことが知られている。後に荒井らは、就学告諭を初等教育機関への就学を喚起するものに限定し、その数を集計しなおしているが(川村肇・荒井明夫編『就学告諭と近代教育の形成』)、明治期におこなわれた学びのキャンペーンの全容をイメージする場合には、初等教育に限定しないでみておくほうがよいだろう。

これらの多くは、先にみた学制布告書と関連しながら作成されたものであるが、学制発布以前のものも確認されており、学制発布がその主要な起動力となったものの、それに限定されない広がりをもってなされたキャンペーンであったとみられる。まさに、史上空前の学びのキャンペーンであった。

就学告諭は、内容も発表形式もさまざまであるが、そのひとつとして、ここでは岩国藩学校の発した「学制ノ議」を紹介してみよう。一八七〇年に作成されたものであり、これも学制発布に先行した一例といえる。長文なので、その最初の部分のみ、以下に示しておこう。江戸時代を過ごしてきた人になったつもりで読んでみていただきたい(『近代日本黎明期における「就学告諭」の研究』掲載資料を現代文とした)。

「天」は実にさまざまな物を生じさせるものであるが、それが生じさせた霊妙の器のなかでも、人間より優れたものはない。草木の繁殖には生と死があるが、自ら運動を為すことはない。禽獣の繁殖においては、よく運動しまたよく知覚するが、言語を通じたり文字を用いたりすることはない。

以上を要するに、動物や植物においては、ひとつの本体がひとつの作用のみを為すように限定されているのであり、唯一人間のみがそうではないのである。人間には霊性が完備されており、五官も備わっている。たとえ、従来の風習により、人々が身分によってその職業や階級を分けられているとしても、天の与えた人間の自然においては、なんら上下貴賤の差別はないのである。ゆえに、幼いときから壮年にいたるまで、「習う」ことによって高い才能を達成させることができ、「学ぶ」ことによって知を一層聡明なものとすることができる。聡明さがあらゆる方向に発達することには、限りというものがないのである。自らこのことを軽んずるようなことは、決してあってはならない。

思うに、学習というものの働きは、総じて言語と文字によって生じるものである。学習の方法を知らず、また教導も不十分であれば、このような、これ以上なくすばらしい器を持ちながら、無知と無才とを天から授かったものと思いこみ、自ら愚に甘んじ、気ままに安んじるばかりであり、わずかに生息し、わずかに運動をするのみとなる。ついに、例の知覚もなくただ蠢いているものらとなんら変わりないものとなってしまうことは、実に憐れむべきことといえよう。これこそ、人間が生きていくうえで学校を設けることが必要不可欠である理由といえる。世界の形勢をみれば、国が富強であることに関して、海外の各国の右に出るものはない。いわゆる欧米の、文明を競いあっている諸国においては、大学や小学校の数は、万をもって数えるべき状況となっている。このため、それらの国内においては、普通の学科を修了していないものは稀である。とりわけ、オランダやプロイセンのごときは、就学していないものは、一〇人あたり二、三人であるという。その盛んなることを知るべきである。

いかがだろうか。江戸時代が終わったばかりのときに発せられた告諭である。じつに論理明快であり、はなはだ説得力に富むものではないだろうか。冒頭に禽獣と人間の比較がなされ、人間の教育可能性が宣言されているのが、同告諭の最大の特徴といえるだろう。とくに言語と文字こそが、禽獣と人間を分けたものとみなされているのは興味深い。このように禽獣と人間を比較する言説や、学ばない者を禽獣に見立てる言説は、就学告諭においてしばしばみられた。

上下貴賤の差別を否定するこの告諭は、全体としてはきわめて開明的であったが、しかしその根拠として示されている、草木禽獣と人間の比較という文脈自体は、じつは近代以前の日本人にとっても珍しいものではなかったはずである。それは、中国古典のなかにもみられる考え方だったからである。いま『荀子(じゅんし)』の一節を杉本達夫の訳で紹介しよう。

水や火には、エネルギーはあるが生命はない。草や木には、生命はあるが知覚はない。禽獣には、知覚はあるが礼・義はない。人間には、エネルギー、生命、知覚があるばかりではなく、礼・義も備わっている。だからこそ人間は、この世でもっとも尊い存在なのだ。

(杉本達夫訳『荀子(改訂版)』一四〇頁)

少々内容は異なるが、先にみた就学告諭と同型の論理構成となっていることがわかるだろう。同様の考え方は、中国古典を撰述した日本人の注釈書のなかにもみることができる。阿部隆一は、明応七年(一四九八)に成立したとみられる『論語』の注釈書に、次のような記載があることを明らかにしている(阿部隆一「室町以前邦人撰述論語孟子注釈書(上)」七〇頁)。

草木ハ、禽獣ノ如ニ、飛行自在ナルコトヲ得ス、禽獣ハ飛行自在也ト云ヘトモ、仁義ヲ弁知ス

ルコトナシ、天地ハ、万物ノ父母トシテ、皆産生セル中ニ、人ヲ尊トス、人ノ中ニ、尤霊妙ナルハ、聖人也

江戸時代においても、同様のことが繰り返し述べられたようである。たとえば貝原益軒（かいばらえきけん）は『大和俗訓（やまとぞくくん）』のなかで、鳥獣虫魚は年々に多く生まれ、人の数はこれに比べればきわめて少ない、しかし人は万物にすぐれており、天地のめぐみを受けている、このような身に生まれながら、学ばず天地の道にそむき、人の道を知らないでいれば、鳥獣と同じように生き、草木と同じように朽ちていくことだろう、と述べている（辻本雅史『思想と教育のメディア史』）。

「人は万物の霊」という表現もしばしば就学告諭にみられるが、これも中国古典に由来する。四書五経といわれる儒教の基本経典のうち、五経のひとつ『書経』のなかに、「惟（こ）れ天地は万物の父母にして、惟れ人は万物の霊なり」とあるのが、その典型とされる。このほか、前述の『荀子』や『礼記』『列子』『漢書』『後漢書』などにも記されているという（西田耕三『人は万物の霊』）。西田耕三によれば、人を万物の霊に見立てるこの考えは、『日本書紀』をはじめとして日本においても古くからみられ、とりわけ近世期には、多くの人により繰り返しいわれ、教化の根本的な枠組みとなったものであった。

このように就学告諭は、当時の人々にとっても了解可能な論理を用いて、人々を学校へと誘導し

ようとするものだったのである。

現時点で四〇〇件を超える就学告諭が見出されているが、もちろんこれがすべてではないだろう。各地の古文書類を丹念に探せば、さらに多くの告諭が見出されるのではないかと思われる。また、すでに資料が散逸して確認不能となってしまったものもあるだろう。明治という時代は、こうして空前の規模で展開された学びのキャンペーンのなかに始まったのであった。

近代学校制度というもの

明治政府が、以上に述べたようなキャンペーンによって導入しようとしたのは、近代学校制度である。その最大の特質は、身分や職業、性別などと関係なく、あらゆる人が少なくとも初等学校に就学することを前提としているところにある。今日では、これはあたりまえのこととなっている。中学校までが義務教育とされ、すべての国民にその機会が権利として保障されているのはご存知のとおりである。日本において名実ともに義務教育が確立するのは一九〇〇年のことである。この年の小学校令改正により、学校を設置する義務(市町村)、学齢児童を就学させる義務(保護者)、学齢児童の就学を妨げてはならない義務(雇傭者)が完備し、また尋常小学校の授業料をはじめて無償とした。教育を受ける権利という考え方を政府が採用するのは戦後のことになるが、すべての人が就学する社会を目指すという施策自体は、明治維新直後から開始されたものであった。

日本が導入しようとした近代学校制度は、その他の近代的施策がそうであったように、西洋諸国においてすでにおこなわれていたものであった。現在では、地球上のあらゆる国と地域に、この近代学校制度が張り巡らされているが、西洋においても近代学校制度が確立してきたのは、おおむね一九世紀になってからのことである。つまり、一九世紀に西洋社会に成立したこの制度は、その後、あっという間に世界を席巻し、学校こそが子どもの成長する標準的な場所となったのであった。

明治の人々にとって、突如このような制度ができあがり、子どもを学校に入れなくてはならなくなったのは、驚天動地の出来事だったはずである。当時、多くの子どもたちはそれぞれの家の重要な働き手でもあった。その子どもが学校に行かなくてはならないとすれば、その分の労働力が不足することとなる。きわめて深刻な事態である。さしあたりそれは、大人たちの労働強化によって補われなければならなかっただろう。多くの貧しい人々にとって、容易ならざる事態であったと思われる。近代学校制度とは、いわば歴史上稀にみる規模の労働力の移動でもあったのである。

また、一九〇〇年に小学校の授業料が無償となるまでの間、就学のためには授業料を支払わなければならなかった。さらには、校舎の建築や教師の任用など、教育にかかる経費は町村の財政を圧迫した。大事な労働力を取り上げられたうえ、このような経費負担をさせられるのであるから、住民にとって近代学校制度とは、まさに三重苦とでもいうべきものだった。それだけに、念入りな告諭が必要であると考えられたのであろう。私たちはいま、学校があることをあたりまえのように感じているが、このような制度を導入することが、当時においていかに困難なものであったかを想像してみてほしい。

近代学校制度は、すべての子どもを就学させることにより、世襲的な家業に子どもたちを自動的に組み込む過程から、ひとまず子どもたちを遠ざける装置でもあった。身分や家業にかかわらず、すべての子どもが学校で共通の教育を受け、そのなかでそれぞれの将来を自己決定していくシステム、それこそが近代学校制度が作り出そうとした社会であった。詰まるところ、それは身分制社会の否定ということにほかならない。

明治維新政府は、近代学校制度の導入とともに、身分制を否定する施策を次々と打ち出した。一八七一年の廃藩は、武士身分を解体するものであったが、その直後には、世襲身分を解体する措置が一気に展開される。士族への散髪脱刀の許可、士族の庶民への敬礼強要や無礼討ちの禁止、華族から平民にいたるまでの婚姻の自由化、穢多・非人の呼称の禁止、華士族・卒が農工商に就業することの許可などである(三谷博『維新史再考』)。

学制発布と同年の一八七二年には、「徴兵告諭」が発せられるが、そこでは「上下を平均し人権を斉一にする道として兵農を合一する」ことが説かれている。これまで兵士となることを独占してきた武士を廃止し、誰もが兵士になれるというわけである。その武士に対しては、「双刀を帯び武士と称し、厚顔座食し、甚だしきに至っては人を殺してもその罪さえ問われない」ありさまであったと、なかなか手厳しい。もっとも、この結果徴兵されることとなる国民には、むしろ迷惑なことだったかもしれないが、身分制の否定という点で、「徴兵告諭」が「就学告論」と基本的に同一の原理に立っていたことは明らかである。

家業への自動組み込み装置から子どもを引き剝がし、学校における教育へと移動させることが、以上に述べた身分制の解体にとって、きわめて重要だったのはいうまでもないだろう。しかしながら、子どもの成長過程のこの変容は、じつは人類史的といってもいいほどの人間形成過程の変容でもあった。子どもが自動的に家業に従事していく過程は、学習論的にいえば「正統的周辺参加」の過程であったといってよいだろう。正統的周辺参加については、第四章ですでに述べたが、なんらかのミッションを共有している仕事集団(実践共同体)に、はじめは初心者として参加し周辺的な仕事に従事しつつ、次第に熟達者へと移行していく過程を学習とみなす考え方である。徒弟制が、その端的な事例といわれる。

江戸時代において子どもが職業能力を獲得していく過程は、おおむね徒弟制的なものだったといってよい。人口の大部分を占める農民の場合、子どもたちはそれぞれの家族とともに労働に従事し、次第に重要な仕事ができるようになっていった。徒弟という言葉が、商工業における丁稚などを示すことからも明らかなように、商人や大工となっていく過程も、徒弟制そのものであった。要するに、江戸時代において子どもが成長していく過程は、ほぼ全面的に正統的周辺参加の過程だったのである。そしてこれは、江戸時代だけでなく、それ以前においても同じことだっただろう。

そのような歴史に照らしてみれば、近代学校制度による子どもの成長こそが、むしろきわめて特異だったといってよいだろう。近代学校制度は、少年期の昼間生活のほぼ全時間を学校で過ごすことを強制するシステムである。子どもたちは学校という特殊な空間で、労働や生活から切り離された時間を過ごすこととなる。すべての子どもに、例外なくこの特殊な過程を歩むことを強制するシステム、それこそが近代学校制度である。子どもの成長過程の変容として、繰り返すがこれは人類史上かつてない出来事であった。

こうして、それまで成長過程の基本となっていた正統的周辺参加の過程はブロックされ、学校教育というまったく新しい過程のなかで子どもたちは成長していくこととなる。しかしながら、すぐに想像がつくように、これは容易な事業ではなかった。無数の就学告諭が発せられたのは、それが容易ならざる事業であることが当局者にも認識されていたからなのだろう。

学校教育と近世的リテラシーの相克

近代学校制度は子どもの成長過程を大きく変えることになったが、読み書き教育の在り方も、当然のことながら大きく変容させられることとなる。第四章で述べたように、近世における読み書きの基礎的な教育は、往来物を主たる教材として、文書作成という実践に近接した場所に位置づけられていた。近代学校教育は、読み書き教育をそこから分離し、学校における認知形成と人格形成の基礎としての教育へと位置づけなおすものであった。学校教育は、特定の仕事の遂行を前提とした正統的周辺参加の過程とは明確に区別された、教育のための標準化された特別な過程によって構成される。読み書きについての教育も、特定の文書作成のような実践ではなく、言語それ自体にかかわる知識や技能の育成を目的としておこなわれることとなったのである。

しかしながら、この転換は簡単に成し遂げられるものではなかった。往来物による教育は数百年の歴史を有しており、近世的なリテラシーは、日常生活の隅々にまで及んでいた。近代学校における読み書き教育は、近世的なリテラシーとの長年にわたる相克のなかで展開せざるを得なかったのである。

一八七二年に発布された学制は、企画者の一人であった大木喬任が、無用の雑学を淘汰し、一旦悉く天下在来の諸学則を廃し、書籍・器械・教授の方法を一新するもの、と説明しているように(倉沢剛『学制の研究』六七七頁)、近世的なリテラシーを一掃し、まったく新しい教育を打ち立てることを目指すものであった。アメリカの小学校のカリキュラムを模して、同年に文部省が制定した「小学教則」は、究理(物理)、幾何、博物、化学、生理など、自然科学関係科目を含む二八もの科目を配したものとなった。一部に「輪講」などのような、江戸時代の学習方式が取り入れられているが(水原克敏『近代日本カリキュラム政策史研究』)、全体として、寺子屋方式の教育を一新する計画となっている。

教科書も、西洋の書物を翻訳したものや、福沢諭吉の『学問のすゝめ』をはじめとする啓蒙主義的な著書が多数採用された。幾何、博物、化学、生理などは上等小学に配された科目であったが、下等小学の「読本読方」にも、『窮理問答』『物理訓蒙』『天変地異』など、自然科学的な教科書が多数指定されている。教育課程全体が、きわめて科学主義的また啓蒙主義的な構成となっていたのである。

じつに野心的な計画ではあったが、しかし当初の期待通りには進展しなかった。近世以来、草書や行書が社会通用の書体であったことはすでに述べたが、社会がなお望んでいたこのようなリテラシーと、「小学教則」が求める学力とは、あまりにも乖離していたからである。

一八七七年に秋田県の教育実態を視察した文部省の役人中島永元(なかじまながもと)は、このような乖離について、習字指導を楷書から始めるのは、幼年者には頗る(すこぶる)難事である、今日の習字法は昔日の習字師匠の教授法に遠く及ばない、当県では事物の理(ことわり)を教えることを先にして習字については顧みない有り様である、このため生徒の運筆はきわめて拙劣であり人を失笑させるに足るものとなっている、と報告している(倉沢剛『小学校の歴史I』九七七頁)。山形県の視察においても、中島は次のように同様の報告をしている。作文は往々高尚に過ぎ、記事論説等を先にして、目下必要な証書文例・尺牘(せきとく)(手紙)などを後にするなどの弊害もある、生徒の情態の違いに従って教則を斟酌すべきである(同書九七九頁）。

以上の視察に基づいて、中島は教授法の問題点について次のように結論づけている。習字教授法は昔日の習字家塾に比して不親切なところがあるのみならず、教員も習字を蔑視して不用の教科であるとみなしているが、これは甚だしい誤謬である、村落学校においては、行書と草書の二体のみを教授し楷書の学習をさせないことも認められるべきかもしれない、何となれば、わが国の現今における民間日用の尺牘や証券などの字体は概ね行書か草書で書かれるのであり、楷書を知らなくとも不便はないからである（同書九八一頁）。

同じように各地を視察した文部大書記官西村茂樹（にしむらしげき）は、授業法の具体的な改正案を提案している。いま、習字と作文についてみれば、次のようなものであった。習字はまず行書を教え、次に草書を教え、最後に楷書を教えるべきである、或いは楷書は廃止してもよい、習字の手本となる文は、日用の往復文、受取書、送状、証文、願届等の日用親切の文を教えるべきである。作文は専ら日用の往復の書牘、または公用文の簡易なるものを作らせること（同書九八九頁）。

同様の事情は、『文部省日誌』に掲載された各県からの実情報告にも表れている。一八七八年の同日誌に記された青森県からの報告には、一四、五歳にして小学校を退学しても、家において帳簿を記すことも計算もできず、往復の書牘を綴ることもできない、甚だしい例になると、読本を自由に読めても、かえって近隣の人名や村名を記すことができない者さえいる、といった実情が述べられている(『近代日本カリキュラム政策史研究』九九頁)。

以上のように、「事物の理」に関する教授に主眼を置いた学校教育は、草書体の候文で構成される日常的なリテラシーと齟齬を来していたのである。各県や文部省の役人にも、このことが学校教育の普及においてかえって阻害要因となると認識されていったのだろう。草書や行書を用い、目下必要な証書文例や手紙文などの学習を優先すべきだと述べられているのである。

一八七九年に学制は廃止となり、教育令が新たに制定される(翌年改正)。一八八一年には小学校教則綱領も制定され、教育課程は一新される。小学校は初等・中等・高等の三段階となり、すべての人が就学すべき初等科では、修身、読書、習字、算術、唱歌、体操のみが教えられることとなった。このうち唱歌は教授法の整うのを待って設けるものとされたので、実質的には読み書き計算に修身と体操を加えた、きわめてシンプルな教育課程となったのである。

このうち習字では、行書が採用され、第三学年の後期には草書が教えられることとなっている。それまでの楷書先習を廃し、実社会の状況に対応したわけである。また習字の学習内容としては、「平仮名、片仮名」「数字、十干、十二支、苗字ノ類」「著名ノ地名、日用庶物ノ名称ノ類」「口上書類」「日用書類」などが列挙されている。これは、寺子屋において教えられていた教材そのものといってよいだろう。江戸期の手習に復帰したといわれる所以である(『教科教育百年史』二三二頁)。他方「読書」の一部と位置づけられている「作文」でも、「口上書類」「日用書類」などを作らせることとなっており、行書や草書による文書作成が、初等科における読み書き教育の目標となったことがわかる。学制期の啓蒙主義的な教育課程は、こうしてたちまち修正され、読み書き教育は、再び文書作成という実践に近接した場所へと引き戻されることとなったのである。

内容主義の国語教育

一八八六年、教育令に代わり小学校令が発布される。森有礼初代文部大臣が推進する森文政の始まりである。小学校はそれぞれ四年制の尋常小学校・高等小学校の二段階となり、父母後見人は尋常小学校を終えるまで子どもを就学させなければならないこととされた。同年に制定された「小学校ノ学科及其程度」では、尋常小学校の学科を、修身、読書、作文、習字、算術、体操とし、土地の情況により図画、唱歌のうち一科または二科を加えることができるとした。読み書き計算に修身と体操を加える構成は一八八一年の小学校教則綱領と変わらないが、読書から作文を独立させたものとなっている。また読書において、単語・短句や簡易なる漢字交じり文に加え、地理・歴史・理科の事項を交えた漢字交じり文を教えるのは大きな特徴といえる。地理・歴史・理科の三科目は、高等小学校においては独立した科目として配されているが、尋常小学校においては読書のなかでこれを扱うものとなったのである。

甲斐雄一郎は、この時期の読書科用教科書(尋常小学校用)について、地理・歴史・理科の教材が占める割合を出版社ごとに検討している。それによれば、これらの教科に関連する教材の割合がもっとも多い金港堂の場合、教材のうち四九・六%が地理・歴史・理科に関連する内容となっていた。割合がもっとも低い文学社の場合でも、三五・八%に及んでいる(甲斐雄一郎『国語科の成立』一七七頁)。読書科が、これらの教科内容の教授においていかに重要な機会となっていたかが理解されよう。

国語系の科目のなかに他の教科内容を取り込んで教えるというこのスタイルは、その後も継承される。一八九一年の小学校教則大綱においては、地理・歴史・理科に加え、日常の生活に必須の事項についても盛り込まれることとなり、この方式は、一九四一年の国民学校令まで継続する(同書)。この間、一九〇〇年には、それまでの読書・作文・習字を統合して、現在にも継承されている「国語科」が創出されるが、国語科においてこれらの内容を教えることは変わらなかった。また一九〇七年の小学校令一部改正により尋常小学校が六年制となり、第五学年以上に、それまでは高等小学校で教えられていた日本歴史、地理、理科などの科目が配当されるようになったが、第四学年まではこれまでどおり、国語科でこれらの内容が扱われた(同書三四八頁)。

学校教育は、こうして基礎的な読み書き計算だけでなく、各教科の知識を教授するものとなっていった。しかし、それらが教えられる主要な場面は国語科だったのである。このような方式は、「内容主義の国語教育」と呼ばれている(甲斐雄一郎「明治後期の読み方教授における内容主義の要因」)。

国語教育のこうした性格は、一九〇四年に文部省が発行した『国定教科書編纂趣意書』のなかにも明確に表れている。そこでは、尋常小学読本の編纂趣意が「形式」と「材料」の二つの側面から説明されているが、このうち「形式」として挙げられているのは、「文字及符号」「文章」「分量」の三点である。国語教育の言語的な側面といってよいだろう。これに対して「材料」は、「修身ニ関スル材料」「理科ニ関スル材料」「地理ニ関スル材料」「歴史ニ関スル材料」「実業ニ関スル材料」「国民教科ニ関スル材料」の六点からなっている。読本で扱うべき文章の具体的な内容を示したものといえよう。国語科を、いわばこのような「材料」のために利用するやり方については、当時から「国語万能主義」や「国語奴隷主義」などとして批判する意見もあったという(『国語科の成立』)。

ところで、国語系の科目に種々の知識教授を盛り込む方式自体は、実態としては明治初期にもおこなわれていた。学制下に文部省が定めたアメリカ方式の「小学教則」は、各府県の教則にあまり採用されず、実際には師範学校が策定した教則を模範として教則を作成する府県が多かったことが知られている。この師範学校式教則は、修身、地理、歴史などの独立した科目を設けず、読法科がこれらの教科内容をも担うものとなっていた。甲斐雄一郎はこれを「包含型教科課程」と呼んでいる。これに対し各教科が独立している教科課程は「分科型教科課程」と呼んでいる。甲斐によれば、この時期に作成された府県教則の多くが包含型教科課程を採用していたのである(同書)。したがって、一八八六年の「小学校ノ学科及其程度」以来長年にわたって採用され続けた、国語科で教科内容の知識を教える方法は、明治初期の包含型教科課程をより現実的に再編成したものであったといえるかもしれない。いずれにせよ、国語読本に依拠した教科内容教育という手法が、近代日本において根強い基盤を有していたことがわかる。

読本で教えるという伝統

では、このような方式が近代日本において根強い基盤を有していたのはなぜなのだろうか。小笠原拓は、一九世紀末の教育ジャーナルにおいて、地理・歴史・理科・作文の四科を合併して、ひとつの読本に編入しこれを国語科とすべきである、といった主張が展開されていたことを紹介しつつ、このような主張がなされるのは、近世における寺子屋の教育がまだ親しみをもって捉えられていたからであろうと推察している(小笠原拓『近代日本における「国語科」の成立過程』五三頁)。たとえばそれは、一八九六年の『教育時論』に掲載された、維新以前の寺子屋の方法を顧みよ、寺子屋では手習の一科により、人の姓名を読み書き、送り状ぐらいを記すには不自由のないほどに仕上げ、読本一つにより、身を修め興味のある必用な事実を授けているではないか、といった主張によく表れているという(同書六九頁)。

この記事が掲載された時点では、すでに国家の制度としても内容主義の国語教育が採用されていたのであるが、このような方式を寺子屋的な教育とみなす意見があったことは注目される。というのは、小笠原がいうように、また本書でも詳しく検討してきたように、さまざまな知識を読本のなかで教えるという方式は、じつのところ往来物の方式そのものでもあったからである。往来物は文例集を基本とした読み書き教材ではあったが、近世期には、さまざまな語彙や知識を埋め込んだものが多数編纂された。近世日本においては、地理科や歴史科などの独立した教育領域を立ち上げるのではなく、往来物のなかに、つまりは読み書き教材のなかに知識を埋め込む方法が選択されていたわけである。内容主義の教育のスタイルは、したがって、きわめて長い伝統を有するものでもあったのである。

明治期になると、学校教育の制度化にも刺激されて、夥しい往来物が編纂されるようになる。明治初期こそは、往来物の全盛期だったといってよいだろう。いま試みに、『往来物解題辞典』により、「開化」から表題の始まる往来物を数えてみると、七〇点ある。いうまでもなく「文明開化」を標榜して編纂された往来物である。もちろん、これらは明治期に編纂された往来物のごく一部にすぎない。七〇点のうち、成立・刊行年の明確なものは六四点であるが、このうち六一点が、一八七二年から一八八五年までの間に編纂された。つまり「開化」を題する往来物のほとんどが、学制期から、教科書検定制度が開始される以前までの間に成立したのである。これらが学校教育を念頭において編纂されたものであることは、明らかだろう。

その一例として、ここでは一八七三年に出版された『開化往来』をみてみよう(図5-8)。学制発

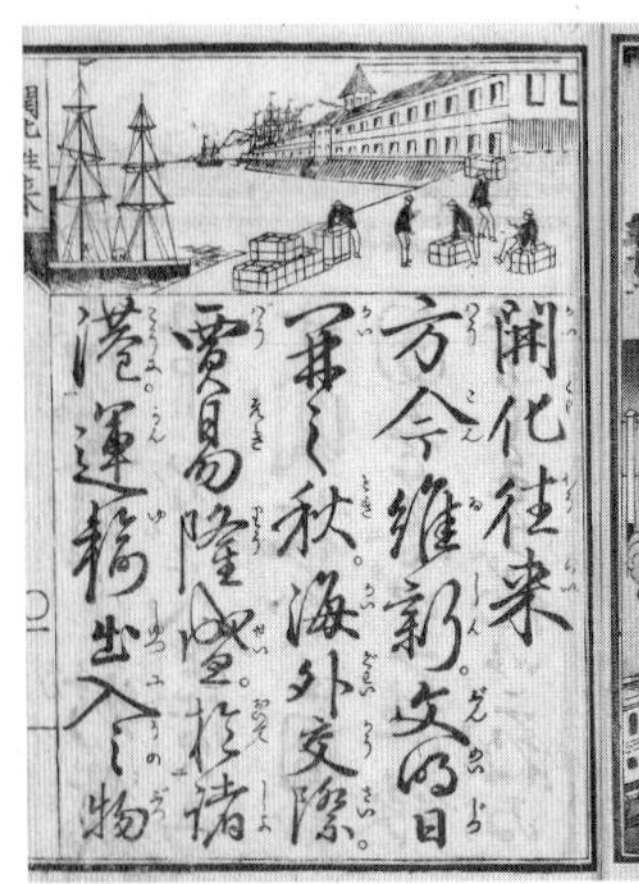
開化往来

開化往来

方今維新。文明日開之秋。海外交際。貿易隆盛。於諸港運輸出入之物

図 5-8　『開化往来』(1873 年)

布の翌年に刊行されたものであるが、典型的な往来物である。刊行前年の日付を有する序文には、「この年、官よりの命令で学校が設けられたことは至治(しち)というべきであるが、田舎の児童などは旧習未だ去らず、一文不通の輩(ともがら)も多く、学校に入り難く思う者も多いだろうが、本書は西洋各国の風土物産などの呼称を記載したものであるから、あらかじめこれを学べば、学校の教えに入り、智を開く階梯ともなるものである」などと記されている。本文は、「方今維新、文明日開之秋、海外交際、貿易隆盛、於諸港、運輸出入之物産品……」などと書き始め、西洋諸国の貨幣・産物・動物などをはじめとして、夥しい語彙を列挙している。末尾には「そもそも商売の業は公正融通、自他分財、有無を通ずるの法にして」などと、商売に関する教訓が記されている。

『開化往来』は、このように「文明開化」の事態に対応して、西洋の文物に関する語彙・知識を授けようとするものであった。これと同じような往来物は、明治期に多数編纂されている。手習本や読本などを用いて知識を教授しようとする寺子屋的な教育スタイルは、こうして明治以降にも記憶され継承されていたのである。

以上の経緯についてまとめておこう。学制下において、文部省は、それまでの教育に代わるまったく新しい教育の体系を組織すべく、アメリカのカリキュラムを模した教科課程を制定した。それは、文書作成という実践に近接して成立していた読み書き教育から、近代的な学校教育への完全なる転換を目指すものだった。しかしながら、結局それらは受け入れられず、一旦は寺子屋的な読み書き教育へと復していく。その後、次第に教科内容の教授を重視した教科課程へとシフトチェンジしていくこととなるが、それは、国語教育のなかにさまざまな知識を盛り込むという手法によって実現されていくこととなるのである。過度の負担なく国民に地理・歴史・理科などの知識を教授しようとしたときに、これは実現可能な方針として有力な選択肢となったのだろう。

先に述べたように、一九〇七年に義務教育年限が四年から六年に延長され、理科、歴史、地理などが独立した教科として尋常小学校で教えられることとなる。しかし、四年生以下においては、その後も国語教育のなかで教えられる体制が維持された。このような体制は、一九四一年の国民学校令により、一年生から三年生までに「自然ノ観察」が、四年生に「郷土ノ観察」が配されるまで継続することとなる。

なお、読本にさまざまな知識が盛り込まれていく一方で、毛筆による習字は次第にその役割を限定されていくこととなった。習字は、近世の手習を直接継承するものといえるが、書字だけでなく語彙やさまざまな知識さえも学ぶものだった近世の手習に対し、近代においては、このような総合性は失われ、字形とそれを正確に書写するための訓練に限定されていくことになる。このような傾向は、実社会において毛筆から硬筆(鉛筆やペン)への転換が起こると顕著になった。これに対しては書家などによる毛筆再興運動なども起こり、毛筆の芸術性が強調された。一九四一年の国民学校令において習字が芸能科のなかに組み込まれることになったのは、このような流れに依拠したものといえる。戦後には、毛筆教育そのものが一旦廃止されるが、再び国語科教育のなかの「書写」として位置づけられ、現在に至っている(鈴木貴史『近代日本書字教育史研究』)

言文一致体へ

一九〇〇年、第三次小学校令により尋常小学校の授業料が無償化され、名実ともに義務教育制度が確立する。一九〇二年には、義務教育就学率が九〇%を超過する。就学者のなかには少なくない長期欠席者も含まれていたとはいえ、ほとんどの人が少なくとも尋常小学校に入学する時代が到来したのである。学制が発布された一八七二年からちょうど三〇年後のことであった。空前の規模の学びのキャンペーンから始まった国民皆学の方針は、わずか三〇年の後にこうして一応の達成をみたのである。

初等教育への高い就学率は、当然のことながら、着実に識字人口を増大させていった。またこの過程と並行して、言文一致運動が展開していったことは重要である。初等教育就学率の上昇と相まって、言文一致化は、文字文化へとアクセスする間口を決定的に広げるものとなったからである。

近代日本における言文一致運動については、山本正秀が七つの時期に分けてその展開過程を明らかにしている(以下、山本正秀『近代文体発生の史的研究』による)。二葉亭四迷が言文一致体で『浮雲』を発表し始めたのは一八八七年のことであるが、これ以後、言文一致体の文章の創出は主として文学者らによって進められていく。山本によれば、近代日本における口語体は、その後自然主義文学を経て、武者小路実篤、有島武郎、志賀直哉などの白樺派の文学者たちがおこなった文体上の工夫により、一九二〇年代に完成した。

文学作品だけでなく、社会のなかにあるさまざまな文書の言文一致化を進める運動が、さまざまな領域で展開されていった。ヨーロッパにおける言語学界の知識を身につけて帰国した上田万年をはじめ、藤岡勝二、新村出などによって一九〇〇年に創刊された『言語学雑誌』は、すべてを口語体によって構成した。

同じ一九〇〇年には、帝国教育会内に「言文一致会」が創設され、早速「ゆくゆくは、全体の文章を残らず言文一致にすること」「さしあたり次の事項から着手すること」の二件を決議した。さしあたり言文一致化すべきものとしては、普通往復文、記事論説、著書訳書、教科書、公用文、掲示広告文の類の六種類の文書が挙げられていた(貝美代子「国定教科書の言文一致」三七八頁)。言文一致会は、翌年「言文一致の実行に就いての請願」を貴族院および衆議院に提出し可決させ、同時に、全国連合教育会に「小学校の教科の文章は言文一致の方針によること」の議案を提出し、これも可決させるなど、学校教育における言文一致化を強力に展開した。

以上のような動向を背景として、尋常小学校の教科書においても口語化が進展していく。甲斐雄一郎によれば、一九〇〇年の小学校令施行規則によって編纂された尋常小学校使用教科書における口語体の比率は、それ以前に比して格段と増大している。一八九七年から一八九九年までに編纂された教科書における口語体の比率は、冨山房の二五・六%を例外として、文学社、普及舎、金港堂、集英堂は、いずれも八%台にとどまっていた。ところが一九〇〇年以後になると、文学社の一二・七%から、集英堂の五〇・八%までの間に分布するようになるのである(『国語科の成立』二四三頁)。

一九〇四年から使用が始まる国定教科書のもとで、口語化は決定的となる。貝美代子は、国定教科書のうち義務教育段階の国語読本について、口語文、文語文それぞれのページ数の割合を明らかにしている(「国定教科書の言文一致」)。それによれば、一九〇四年に始まる第一期国定教科書においては、義務教育年限四年のうち、最上級学年の一部を除き、教材の八三・四%が口語文となっている。一九〇七年に義務教育年限が六年となると、上級学年において文語文が増大することから、一時的に口語文の割合が減少するが、その後、上級学年においても次第に口語文が増え、一九一八年以降の第三期国定教科書においては、六学年を通じても口語文の割合が八五・二%となり、以後もその割合は増大していく。国語以外の教科においても口語化は進み、貝によれば、一九三〇年度入学者からは、すべての教科を口語文で学べることとなったのである。

国語教科書における口語化の事例を、「日本武尊」という題材に即してみてみよう。まず、文部省が編纂し一八八七年に刊行された『尋常小学読本 巻之五』は、尋常小学校三年次用の教科書であるが、同書では、次のような文語文となっている（『日本教科書大系 近代編 第五巻』一〇五～一〇六頁）。

> 日本武尊は、景行天皇の御子にして身のたけ高く、力飽く迄強く、熊曽及び東夷を征伐したまひ、その功、高かりけるが、御年三十にして薨じたまひぬ。むかし小碓と云へる皇子、十六歳のおん時に、熊曽のたけるそむきしかば、天皇、皇子におほせつけ、たけるをうたせたまひしに、皇子は、わらべにいで立ちて、忍びて、陣屋に入り給ふ。此時、たける、うたげせる折なりければ、呼び入れて、酒もりしつゝ、其まゝにゑひ臥したるを、かねてよりかくしたまひし剣にて、たゞ一つきとつきたまふ。たける、おどろき目を開き、皇子の武勇におぢ恐れ、日本武てふ御名をばたてまつりてぞ、うたれにし。其時よりぞ、この皇子を、日本武とは、たゝへ

まつりし。

続いて『初等科国語 三』をみてみよう。同書は、一九四二年に刊行された第五期国定国語教科書であり、四年生用の教材となる(『日本教科書大系 近代編 第八巻』四九三〜四九四頁)。

熊襲(くまそ)のかしら川上たけるは、力のあるにまかせて、四方に勢を張り、のちには、朝廷の仰せにも従ひませんでした。「西の国で、自分より強い者はない。」と思ふと、たけるは、だんだん増長して来ました。「ひとつ、りつぱな宮殿を建て、たくさんの兵士に守らせて、大いにいばつてやらう。」と考へました。

いよいよ、家もできあがつたので、ある日、お祝ひをすることになりました。

その日は、朝から、大勢の人が出はいりしました。手下の者はいふまでもなく、手伝ひのために、たくさんの男や女が集つて来ました。

そのうちに、一人の美しい少女がまじつて、かひがひしく働いてゐました。酒もりが始ると、この少女も座敷へ出て、酒をついでまはりました。

だんだん夜がふけて来ました。客も、しだいに帰つて行きました。たけるは、もうねようといふので、酒によつてよろよろしながら、奥の間へ行かうとしました。

この時でした。今まで、やさしくお給仕をしてゐた少女は、すつくと立ちあがつて、

「たける、待て。」

といふが早いか、ふところにかくしてゐた剣を抜いて、たけるの胸を突きました。

「あつ。」とさけんで、たけるは倒れました。ふり返ると、少女は、いかにも尊いゐげんに満ちて、立つてをります。たけるは、思はずぶるぶると身ぶるひをして、

「お待ちください。これほどに強いあなたは、ただの人ではない。いつたい、どういふお方ですか。」

と、苦しい息の下からたづねました。

「自分は女ではない。天皇の御子、やまとをぐな。汝、おそれ多くも、朝廷の仰せに従ひまつらぬによつて、汝を討てとの勅をかうむり、ここへ来たのである。」

「なるほど、さういふお方でいらつしやいましたか。西の国では、私より強い者はないので、たけると申してをりました。失礼ながら、ただ今、お名をさしあげませう。日本でいちばんお強いあなたは、日本武皇子（やまとたけるのみこ）と仰せられますやうに。」

といひ終つて、たけるは息が絶えました。

景行（けいこう）天皇の御子、やまとをぐなの皇子（みこ）は、御年十六、かうして、ただお一人で、熊襲をおほろぼしになりました。さうして、これからのち、日本武尊と申しあげることになりました。

いかがだろうか。後者のほうがだいぶ読みやすくなっていることがおわかりいただけるものと思われる。このように国定教科書により、口語による学習が一挙に進展したのである。

では一般社会では、どうだったのだろう。明治初期の新聞の場合、『朝野新聞』や『東京日日新聞』のような、政論などを中心とする知識層向けの内容を掲載したいわゆる大新聞は、漢文崩しの片仮名交じり文で書かれ、『読売新聞』をはじめとする、民衆向けの娯楽や読み物などを中心に掲載したいわゆる小新聞は口語体で書かれたが、小新聞も次第に文語体へと変わっていった。その後、新聞が全面的に口語化するのは一九二〇年代に入ってからであり、『読売新聞』『東京日日新聞』は一九二一年一月一日から、『東京朝日新聞』は一九二二年一月一日から社説を口語化し、全紙面が言文一致となる。しかし公用文・法令・詔書などは依然として非言文一致体が使われ、これらが口語化するのは戦後のこととなった。一九四六年、詔書の口語体採用が決定し、官庁公用文も口語体を採用、日本国憲法が口語体で公布される。山本正秀は、これをもって言文一致運動は名実ともに終焉したとしている(『近代文体発生の史的研究』)。

以上のように、近代日本における言文一致体の普及において国定教科書の果たした役割はきわめて大きなものであった。ちなみに、西洋紙の普及においても、国定教科書が西洋紙を用いたことが大きな要因となったといわれる。西洋紙の使用により教科書の製造費が安価になったため、より多くの人々に教科書を届けることが可能となったのである(佐藤秀夫『ノートや鉛筆が学校を変えた』)。口語体で記された読みやすい教科書が人々の間に普及していくことは、識字率を大きく上昇させると同時に、学習効果も大きなものとなっただろう。

音読の退場と「近代読者」

近代学校教育の普及と識字人口の増大、言文一致体の確立などは、日本における読書の在り方にも大きな影響を与えていったと考えられている。本書の結びとして、読書という実践の歴史的な展開についてみてみることとしよう。

明治以降、読書という行為自体が大きく変貌していったと考えられている。孤独で内省的な、黙読による読書の成立である。このようにして書物を読む読者を前田愛は「近代読者」と呼んだ(前田愛『近代読者の成立』)。近代読者とは、他人を交えず一人で孤独に黙読をする読者のことにほかならない。今日の私たちからみれば、むしろこれ以外の読書などあり得るのかと思われるかもしれないが、前田はこのような読書法は近代以降に成立したというのである。

では近代読者にあらざる読者とは、いかなるものだったのだろうか。それは、共同でおこなわれる音読をする読者のことである。前田によれば、このような読者の在り方の典型例は、漢籍の素読(そどく)と草双紙の絵解きであった。素読とは漢籍の学習法のひとつであるが、意味よりも読みを重視して、繰り返し音読することである。儒学学問塾などにおいておこなわれるだけでなく、祖父・父・兄などによって家庭で口授されるものでもあった。他方、草双紙の絵解きは、祖母・母・姉などがおこなうものであった。こうして、男女双方によってなされる音読の声が、近世期を過ぎ明治期になっても家庭の炉端に満ちていたのであり、そのような在り方こそが読書の通常の姿であったと前田はいっている。

前田によれば、近代読者成立以前における読書がこのようなものであった理由は、まずはリテラシーの水準の低さであった。個人では自立した読書をおこなうことができない多くの人々がいたため、十分な識字力を有する者が読み聞かせることが必要不可欠であった。こうして、人が書物を読んでいる声に耳を傾ける行為もまた、読書の一形態であったというわけである。これはプライバシーというものの欠落した日本の「家」における生活様式とも相まって、読書というものを本質的に共同的な実践にしていた。つまり読書とは、個室でおこなわれる孤独な実践などではなく、囲炉裏を囲んで多くの人がいるなかでおこなわれる実践であったというのである。

前田によれば、音読の習慣はまた、言文一致以前における書物の文体とも関係していた。漢籍素読に由来する漢文訓読調や、あるいは草双紙の七五調などの律動感は、朗読・朗唱などといった音声をともなう実践と親和的であった。言文一致体がそれらの文体に取って代わり、黙読によっても触知しうる散文リズムの形式が創出されるに至って、読書はようやく孤独で寡黙なものへと変わっていった。学校教育によるリテラシーの水準の向上を基礎として、口語体で書かれる書物が活版印刷により大量に生産されるようになって、読書は次第に現在私たちが普通におこなっているようなものへと変貌してきたというのである。

明治期になっても音読をする人がきわめて多かったことは、永嶺重敏などの研究からも明らかになっている。そのような音読する読者は、汽車や図書館などといった公共的な空間でしばしばみられた。というより、このような空間における音読が、否応なくひとつの迷惑行為問題として立ち現れることとなったのである。そのような例として永嶺は、一八九九年に大阪毎日新聞社が刊行した著書を紹介している。それによれば、車中において新聞などを取り出し音読する者は、毎度必ずいるという。人前で音読することだけは、他人が迷惑するから必ずやめなければならない、と著者は訴えている。公共的な交通機関のなかで乗客が音読している様子は、このほか明治期のさまざまな文献に残されているという。車中におけるこの迷惑行為問題の本質は、永嶺によれば、人々が長く慣習化してきた音読という身体的行為と、汽車という新しく登場しつつあった西洋的公共空間の論理とが激しい摩擦を来したということであった。そしてその結果、音読は次第に退場させられていったのである(永嶺重敏『〈読書国民〉の誕生』)。

図書館も同じように、汽車以上に沈黙が支配すべき公共的空間であった。しかし実際には、音読をする者が後を絶たなかったのだろう、音読を禁止する規定がいたるところで定められ、掲示されていたという。しかしこのような規定も永嶺によれば、早いところでは大正年間、遅くとも昭和初期にはみられなくなるという(永嶺重敏『雑誌と読者の近代』)。ここでも、音読は退場を余儀なくさせられていったのである。

前田愛は、黙読による読書の習慣が一般化したのはごく近年のことであり、二世代か三世代の間に過ぎないのではないかといっている。この論稿が最初に発表されたのは一九七〇年代であったから、音読から黙読への転換が最近のことに過ぎないという見立ては、当時においてもリアリティのあるものとして受けとめられたと思われる。

しかしながら、音読の時代と黙読の時代が、截然と二分される歴史的な段階であったとみるなら、それは過剰な二分法というべきであろう。というのは、江戸時代にも黙読をする多くの読者が存在したと思われるからである。たとえば、長友千代治は『近世貸本屋の研究』(一七四頁)のなかで、貸本屋の行商に関する次のような川柳を紹介している。

かし本や将棊さすうち只見られ　(うつわの水・安永二)

貸本屋は、行商で本を貸す商売をしている者のことであり、長友によれば天保三年(一八三二)の江戸には八〇〇軒ほどもあったほか、大坂にも、文化一〇年(一八一三)から文政末年(一八二九)頃までに三〇〇軒など、各地に貸本屋があったことが知られている(同書四三頁)。右の川柳は、貸本屋が常連の家に上がり本を見せているところであろうが、客に誘われたのか将棋を指すうちに思わずそれに熱中し、商売物の貸本をただで読まれてしまったというのである。お客さん、この本いかがですか、と商売にかかる頃には、いま全部読んだ、というわけである。黙読でなければ成り立たない話であり、その滑稽さが誰にでもわかるということは、黙読が普通におこなわれる読書法であったことを示している。

長友はまた、『江戸時代の書物と読書』(五八頁)において次のような句も紹介している。

まくらゑを高らかによみしかられる　(川柳評万句合・安永元・桜)
呵られて親父のよめぬ本を読み　(武玉川・一二)

最初の句は、エロティックな本であった枕絵を声高らかに読んで親に叱られたというのである。明確に音読する読者が詠み込まれた句といえよう。他方、次の句は、無筆の親父が読めない、文字のみで書かれている本を読んだというのであろう。やはりエロティックな本を読んでいるのだろう。これもまた先の貸本と同じく音読では成り立たない話であり、黙読が前提となっていることは明らかである。親の読めない本をこっそり黙読して楽しんでいる情景が浮かび上がる一句といえよう。

ポール・サンガーは、黙読の習慣は、ポルノグラフィーが禁止されていた一五世紀のフランスに、古代ギリシャ・ローマ時代のエロティックな芸術を復興させ、俗人向けの猥褻な挿絵入りの書物製作を盛んにしたと述べている（ポール・サンガー「中世後期の読書」一八六頁）。猥褻本が多数出版され、それを読む人が川柳に詠まれるような近世日本社会においても、黙読はごく普通のことであったと思われる。

『江戸時代の書物と読書』（四〇頁）において長友が紹介する次の句も、黙読を暗示している。

寝そびれた晩に読んでる宇治拾遺　（柳多留・一二七）

寝そびれて一人深夜に『宇治拾遺物語』を読んでいるというのである。すでに皆は眠って静まりかえっているのだから、音読とは考えがたいだろう。ここには、先に近代読者の特質として述べた、一人孤独に書物と向き合う読者の姿が描き出されているといえよう。

横田冬彦は、摂津国川辺郡伊丹の酒造業者八尾八左衛門（やおやざえもん）が、一七三〇年から一七三五年までの間に記した日記をもとに、八左衛門の読書について検討している（横田冬彦「近世民衆社会における知的読書の成立」）。それによれば、八左衛門の読書は、「蚊帳内へ灯を入」れ「読本机」においてなされるものであり、思索をともなう孤独な黙読であった。その意味で、八左衛門の読書も前田愛のいう近代読者のそれにほかならないと、横田はいう。

このように近世においても普通に黙読がおこなわれていたことは、少なくとも近世史研究者の間では共有された感覚となっているのではないか。

明治期に、人々の音読をする様子がさまざまに書き留められるようになったのは、近世的な読書の残存を示すというよりも、むしろ音読をする読者が明治期に激増したことを示すものだったのではないだろうか。学校教育の普及は、識字者を急速に増大させていたが、中途退学者も少なくなかった状況を考えれば、多様なレベルの識字者が社会に送り出されていったと思われる。このような識字者のなかには、読書のために音読が必要だった者も多数含まれていたと思われる。他方で、活版印刷によって新聞や書物などの刊行物は激増していたから、こうした刊行物を読む機会もまた激増していたはずである。こうして、音読する読者と、読書する機会とが同時並行的に増大した結果が、音読問題だったのではないかと考えられるのである。

小学校就学率が一〇〇%に接近し、卒業率も上昇していけば、黙読の可能な読者の世代が漸次形成されていくこととなっただろう。明治期に一時的に増大した音読する読者の割合は次第に減少し、図書館においても音読禁止の規定を事々しく定める必要もなくなっていったのではないだろうか。

要するに、音読と黙読は、近世期と明治期のどちらの時代にも存在していたのであり、截然と時期区分されて存在したのではない。大黒俊二が人々のリテラシーを、スペクトル状に分散したものと捉えていたように、読書という実践もまたスペクトル状に展開していたのだと考えることができるだろう。音読により平仮名文をようやく読解できる者から、漢字仮名交じり文を黙読できる者、漢文訓読体を律動感をもって朗唱できる者など、どの時代にも、さまざまな仕方でものを読む実践者が、多様なかたちで存在していたものと思われる。

口語体が定着し、活版印刷により大量に発行される新聞・雑誌・書籍などが人々に届くようになると、このような読書の多様性は次第に減弱し、音声の律動感に依拠しない黙読が読書の標準的なありようとして人々に受け入れられていくこととなっただろう。前田愛がいう近代読者とは、明治期に多様性を増し、一時的に大量の音読者を生み出していた読書のありようが、次第に黙読へと斉一化しつつあった状況を捉えたものだったのではないかと思われるのである。

孤独な読者

近代読者とは、単に黙読をする者というだけでなく、個人として「読書」という実践をなす者であり、孤独に書物に向き合い、そのなかで内省的に自我を形成する者でもあるといわれる。つまりは「孤独な読者」である。すでにみたように、このような孤独な読書はなにも近代の専売特許ではなく、近世社会にも存在したものであった。しかしながら、近代読者はじつは別の意味においても孤独な存在であった。つまり孤独な近代人であったということである。近代読者の孤独の本質は、単に一人で読書をするといったことにとどまらず、読書をする一人一人の主体が近代に特有な孤独さを抱える存在であったということのようにも思われるのである。

近代人の孤独と、その危うさについて述べたのは、周知のとおりエーリッヒ・フロムである（エーリッヒ・フロム『自由からの逃走』）。フロムは、中世の人間には自由がなかったが、与えられた身分のもとで安定しており、自分が何者であり何をなすべきかを悩む必要はなかったという。これに対し近代人は身分制から解放されて自由であるが、それは中世まで人間を包み込んでいた一次的な絆を喪失することでもあり、その喪失と孤独のなかで、自分が何者であり何をなすべきかを自己決定しなければならない存在、つまりは「個人」となったのである。人間はしばしば、孤独と自由とに耐えられないものである、とフロムはいう。

近代学校制度は、このような近代人を創出するうえで決定的な役割を果たした。すでにみたように、日本における近代学校制度は身分制の廃棄と同時並行的に展開された。学制布告書や、無数の就学告諭などのいたるところに、上下身分の区別なく学ぶべきことが説かれ、同時に、身分制を廃棄する数々の施策が断行された。これらにより、自らの存在が生まれついた身分によって自動的に決定されるシステムは原理的に否定され、人々は、自己の存在を自己自身によって決定し得る（しなければならない）こととなったのである。

近代読者がおこなう読書の実践は、識字率の上昇や、口語体・活版印刷術などの技術的達成を待って一般化する、読書におけるひとつの技法にほかならなかったが、それを遂行する主体が、以上に述べたようなプロセスで創出される「個人」であったことは重要である。そのような意味での個人が、一人孤独に書物に向き合う姿こそ、私たちが近代読者というものに見出してきたイメージだったのではないだろうか。

近代読者がそのような者であったとすれば、その者が抱えていた孤独さは、単に一人で読むといった読書の技法に解消し得ない深さを有していたことになろう。フロムがいうように、時にそれは耐えられないほどの孤独であり、人々をして、孤独のなかの自由より、自由から逃走して揺るぎなき「力」「権威」と一体化することを求めさせるものでもあった。いうまでもなく、このときフロムは、自らをも迫害しつつあったナチス・ドイツを念頭に置いている。しかしながら日本においても同様の事情がすでに生起しつつあったのである。

一九三七年、文部省は『国体の本義』を刊行するが、それはフロムが『自由からの逃走』を刊行する四年前のことであった。個人主義を最大の標的とする同書は、繰り返し「没我帰一(ぼつがきいつ)」を説く。個人を国家の「分」とみなし、「分」なるがゆえに常に国家と一体化することがその本質であるとするこの「没我帰一」は、個人主義的な考え方を以てしては決して理解することのできないものであるとされた。こうして個人主義を超越した日本人は「生まれながらにして天皇に奉仕し、皇国の道を行ずるものである」とされ、「このような本質は全く自然なものである」と断じられている。

自然なものであるというのであれば、もはやそれは個人の意思によって変更し得ないということであろう。また、生まれながらにそのような定めであるとすれば、当然のことながら、個人が自己の在り方を自己決定する余地はない。近代学校制度が当初目指した自立した個人、そして近代読者の内実でもあった個人は、このようにして粉砕の対象となった。近代読者の終焉ともいうべき事態が、こうして近代日本の最後尾を飾ったのである。

おわりに

本書の結びに、ひとつの小さな詩を紹介したいと思う。

雪　　　石井敏雄

雪がコンコン降る。
人間は
その下で暮しているのです。

この詩は、『山びこ学校』の冒頭を飾る中学生の詩である。詩は、はじめ「きかんしゃ」という山元(やまもと)中学校(山形県上山市。二〇〇九年に閉校)の文集に掲載された。一九五一年、この詩を含む四三人の生徒の作文は、『山びこ学校』という表題で青銅社から刊行される。その後、百合出版、角川書店、岩波書店と次々と版元を替えて刊行され現在に至っている。中学生が書いた作文が、世界の名だたる思想家の著作と並んで、いまも岩波文庫の一角を占めているのである。

この『山びこ学校』のインパクトを、大江健三郎は、次のように述べている。

戦後の生活の苦しさが、都会から地方にまで——しかしやはり農村・漁村においてさらに——きわだっていた時期に、僕は四国の森のなかで少年時をすごした。その折、いまもなお記憶にみずみずしいほどの言葉のショックをあたえられたのは、東北の少年たちの文章を読んだことによってであった。それらの文章は、無着成恭編『やまびこ学校』という小さな本のかたちをして、僕の所まで届いてきた。

(中略)

そしてそれも本を読むことで訓練されたというよりは、この子供たちの属する共同体である村や学校で、お互いの話し合いのなかに鍛えられた言葉だと——そしてその生活のなかで、かれらがいかに、事物と人間の暮しをよく見つめているか、に鍛えられた言葉だと——感じとることもできるようだったのだ。そして自分が新制中学の国語や社会の時間に書く作文や報告が、いかにも具体的な手ごたえのない、言葉だけのものかと恥かしく思いもしたのだった。その思いはいまに残って、現在の自分の小説への根本的な反省に結ぶことがある。

(大江健三郎『新しい文学のために』六〇〜六二頁)

無着成恭(むちゃくせいきょう)というひとりの教師が指導した中学生の作文集が、後にノーベル文学賞を受賞することとなる作家にこれほどの衝撃を与え、いまもなお読み継がれているのである。まことにもって稀有な事例ということができるだろう。

無着がおこなったのは、生活綴方(せいかつつづりかた)と呼ばれる教育の実践であった。綴方とは作文のことであるが、一九三〇年代の経済恐慌のなかで、貧困をはじめとする生活の現実と格闘する作文指導が広く各地で展開され、生活綴方と呼ばれるようになっていく。国定教科書が存在しなかった綴方においては、教員の創意工夫の余地が大きかった。いわば国定教科書体制の間隙を突いて、リアリズムと社会問題への鋭利な問題意識とに基づいて展開された教育が生活綴方教育である。

当然ながら、このような教育は当時の国家の警戒するところとなり、やがては激しい弾圧の対象となる。全国で数百名に及ぶ綴方教師が逮捕され、教壇を逐われていく。獄中や釈放後に落命する者も少なくなかったのである。

北海道におけるこのような弾圧の一例が、佐竹直子『獄中メモは問う』に克明に記されている。一九四〇年に起こった北海道綴方教育連盟事件についてのルポルタージュである。同書によれば、北海道だけで、七五人もの教員がこの事件に関連し逮捕された。釧路市内のある小学校では、特高警察の取り調べを受けた教師の名前を、翌日以後職員室で誰も口にしなくなり、その教師と学校で会うことも二度となかったという。治安維持法下の恐怖と不気味さがよくあらわれている。北海道新聞に掲載されたこのルポルタージュは、二〇一五年に日本ジャーナリスト会議賞を授与された。

こうして生活綴方教育は壊滅させられていくが、戦後、弾圧が停止され教育の自由が回復すると、生活綴方も再び復活することとなる。冒頭に紹介した無着成恭の実践は、一九五〇年代に展開されたそのような教育の一例である。自らの生活をリアルに表現する文章指導が、個人主義の絶滅を期した時代をくぐり抜け、こうして再生するのである。

生活綴方は、貧乏綴方とも呼ばれた。貧困な生活をリアルに表現する作品が多かったからである。当然ながら、このような作文をなした主体は貧困な世帯の子どもたちであった。一九三〇年代に生活綴方が成立し得たのは、貧困層の子どもたちにおいても、自由な作文をおこなうことが可能となったからである。その意味で生活綴方の成立は、日本における読み書きの歴史全体を通じて、ひとつの到達点を示すものであったといえる。それは、文章によるリアルな表現が、貧困層を含むあらゆる階層において可能となった瞬間だったからである。

では、生活綴方のような教育が、一九三〇年代に成立し得たのはなぜなのだろうか。作文指導の深化や経済恐慌を背景とした教員の政治性の覚醒などといった事情があったことは、従来の研究の指摘するとおりであろう。しかしそれ以上に、そのような教育を可能とした技術的な基盤があったはずだと佐藤秀夫は述べている。佐藤によれば、それは紙と鉛筆の普及であった（佐藤秀夫『ノートや鉛筆が学校を変えた』）。

筆と墨を用いた江戸時代の筆記方法に代わり、明治期になると石盤という筆記用具が使われるようになっていった。石盤とは、iPadなどのタブレットほどの大きさのスレート板のことであり、これに石筆で文字を書き付けて、書き方の練習をした。石盤の面積はいたって小さいので、すぐに文字でいっぱいになるが、それを拭き消して、ふたたび練習できるようにする。誰にでも想像がつくように、このような道具で長文を綴ることはまったく不可能である。第四章で紹介した灰書と同様である。石盤が鉛筆と紙に取って代わられない限り、自由作文のような長文の作文を指導するのは困難であったと思われる。したがって、生活綴方教育が起こった一九三〇年代には、貧困層を含むあらゆる階層に紙、しかも和紙ではなく国産の安い西洋紙、それに鉛筆が普及していたはずである、というのが佐藤の見立てであった。

近代読者の成立が、言文一致体の確立や活版印刷による書籍の大量出版などの技術的な基盤を背景とするものであったのと同じように、生活綴方は、鉛筆と紙の普及によってはじめて成立し得た文章表現の世界であった。口語による自由な読み書きの実践が、こうして種々のテクノロジーと結合することによって成し遂げられていったのである。

翻ってみれば、読み書きとなんらかのテクノロジーとの結合は、日本における読み書きの歴史を通じて、繰り返されてきたことでもある。漢字の移入そのものが、中国において長年にわたり開発され工夫されてきた文字の借用であり、それ自体きわめて完成度の高いテクノロジーにほかならなかった。これを日本語に接近させるための種々の工夫もなされてきた。漢文訓読や、和訓、万葉仮名、変体漢文などなどである。平仮名や片仮名など、ついには日本語の音節を表記する文字の創出までがなされた。宣命体や変体仮名文のような日本語の語順で表記する方法も発明されたが、結局これは主流とならず、変体漢文の最末流といわれる候文が長く標準文体となった。近代以前の日本においては、書記言語を口頭語に接近させるより、わずかではあったが漢文的な要素を残す文体に習熟するための学習道具を開発することが選択された。それが往来物であった。往来物は中国の書儀にその起源を有していると考えられるが、日本において独自の展開を遂げた。それは八〇〇年にもわたり継続し、とりわけ江戸期に隆盛をみた。その江戸期には、書籍流通が大発展するが、それを支えたのは木版印刷術であった。

このように、読み書きの実践は、文字そのものの在り方を含め、常になんらかのテクノロジーと結びついて実現してきたのである。もちろん、これは日本に限ったことではない。読み書きという実践そのものが本質的に有している性質でもある。本書の冒頭に述べたように、読み書き能力は、人間が生来的に有している能力のなかに含まれないものであり、この点が言語とは大きく異なるところであった。にもかかわらず、文字の読み書きが必須のリテラシーとみなされるまでに普及しつつあるのは、さまざまなテクノロジーと人間のスキルとの結合の所産にほかならないのである。

テクノロジーとスキルのこのような結合は、いうまでもなく学習と教育によって成し遂げられるのであるが、日本の場合、これらの学習と教育は江戸時代まで「手習」と呼ばれてきた。文字通り手を使って文字の書き方を学習することがその基本となっている。

添田晴雄によれば、学習が文字を書くことをともなってなされる傾向は、現在においても日本の学校教育に顕著にみられるという。添田はこのような学習や授業の在り方を「書字随伴型学習」、「書字随伴型授業」と呼んでいる。確かに、教師が黒板に文字を記し、生徒がそれをノートに筆記するといった授業風景は日本ではいまもあたりまえのものであり、英単語の学習においてさえ、漢字の書き取りのようにノートに何度も書いて覚えたものである。添田によれば、授業や学習が板書をはじめとした「書字」に依拠しておこなわれているのは、世界的にみれば必ずしもあたりまえのものではなく、日本の学校教育の特色であるという(添田晴雄『文字と音声の比較教育文化史研究』)。

現在にまで継続しているこのような「書字随伴型学習」「書字随伴型授業」が日本において定着したひとつの背景として、往来物という読み書き教材の存在を考えなければならないだろう。本書を通じて述べてきたように、往来物は、往来する手紙の文例集を起源とし、数百年にわたって日本における基本的な読み書き教材であり続けた。その教育上の眼目は、文書作成の習熟であった。江戸時代にはさまざまな知識に関する教材も生み出されたが、往来物という形式を最後まで留めたのである。それはまさに「書字随伴型学習」の原形といってよいだろう。歴史的に形成されてきた、読み書きをめぐるテクノロジーと人間のスキルのこのような結合の在り方が、書字を随伴する学習様式のひとつの背景となってきたのではないだろうか。

さて、現在の電子的なテクノロジーの急速な進化は、読み書きの世界にも深い揺さぶりをかけている。電子機器を用いて誰もが手軽に情報を発信できるようになったことは、社会的にもきわめて大きな影響力を発揮している。事件の第一報がソーシャルネットワーキングサービスを通じてもたらされることも、いまでは珍しくない。個人によるこれらの情報発信が、時として一国の政権を打倒することさえある。また、ひとたび誤った情報が発信されると、容易に修正しがたいのも、私たちが日々経験しているところである。電子メディアによる情報発信の在り方についての、新しい社会規範が必要となりつつあるといってもよいだろう。

読み書きにとくに甚大な影響を及ぼすと考えられるのが、音声出入力システムである。コンピュータをはじめとする電子的なテクノロジーは、常に人間とのインターフェースを自然なものに接近させるべく進化してきたが、音声出入力は、人間の生来的な能力に依拠する点で、これまでにない自然なアクセスを実現することだろう。すでにスマートフォンなどにも組み込まれているが、自然言語処理の水準がさらに向上すれば、音声だけで必要な操作をすべておこなうことが可能となるかもしれない。要するに、キーボード入力を含む読み書きの操作が一切不要となるということである。このことが私たちの読み書きにもたらす影響は、計り知れないものがある。

ワードプロセッサと呼ばれた文書作成専用機が開発された頃、それに入力する作業は、あらかじめ手書きした原稿のとおりにキーボードを叩くというものであった。いまでは、コンピュータに入力するためにあらかじめ原稿を手書きする人はほとんどいないだろう。この結果、私たちは（きっと筆者だけではないと思うが）、読むことはできるが書くことはできないいくつもの漢字とつきあわなければならなくなったのである。これが音声出入力となったら、どうだろう。スキルの低下は、これまでの比ではないと思われる。

ほとんどの人が読み書きのできる社会というものが、じつは驚くべき到達点であることを、本書の冒頭で述べた。それをわざわざいわなければ気がつかないほど、読み書きは深く社会に定着しているのである。このような社会で長く暮らしていると、読み書きの能力も自然なものにさえ思われてくる。またこのような社会の在り方があたりまえのようにも受けとめられてくる。しかしながら、本書を通読された読者にはおわかりいただけるものと思われるが、読み書きがこれほど普遍的となったのはごく最近に過ぎず、それを実現するためには、いまもなお膨大な量の教育を必要としているのである。その意味で、読み書きが当然視されるこのような世界は、最近できたばかりの移ろいやすい存在であるとみるほうがよいだろう。

電子的なテクノロジーは、近い将来、読み書きにかかわる人間のスキルをどの程度の水準で保つべきかという決断を、人間につきつけることになるだろう。その際には、読み書きの日本史にいまいちど思いをいたしてみるのもよいかもしれない。

あとがき

読み書きの日本史を通覧してみて、ひときわ異彩を放っていると思われるのは、やはり往来物である。まずは、その奇妙な名称。これを「おうらいぶつ」と読めば、あたかも、運動するなんらかの物体のようでさえある。読者の皆さんにはすでにおわかりのとおり、往来物とは近代以前の日本における読み書き教科書のことである。

それにしても、読み書きのための教材が、数百年にもわたりこのような名称で呼ばれ続けた国、それが日本である。

これまでの教育史研究は、近代以前の歴史のなかに、近代的なるものの萌芽を探そうとするところがあった。往来物のなかにも、近代の教科書へと接続する部分が探索された。しかしそうではなく、読み書きの教材がそのような名称で呼ばれ続けたことの歴史的意味が、もっと探索されるべきだったのかもしれない。

近世期には、往来物を用いた読み書き教育が民衆の各層に広がっていった。このような教育の広がりが、政府の指示や命令によってではなく、もっぱら自主的な取り組みのなかで起こったものであることは、やはり特筆されるべきであろう。

しかし同時に、その広がりが依然として制約されたものであったことにも留意する必要がある。幕末期の日本の識字率について、当時世界一だったとするような言説をしばしば耳にするが、これは根拠のないものといわざるを得ない。本書で紹介したいくつかの事例をみても、近世期の書記言語環境のなかで、公私の文書を不自由なく作成できた人口は、地域によっては相当に限られていたことは明らかである。本書の冒頭において、読み書きの歴史のみならず、読み書きをせざる歴史についても光をあてる必要があると申し上げたのは、以上のことを念頭に置いたものであった。歴史の多面的な構成を読み取っていただければと願う次第である。

さて本書は、岩波書店の杉田守康さんからのご依頼により著されることとなったものである。筆者が専門とする教育史を中心としながら、できるだけ読み書きの歴史を全体的に著していただきたいというのが、ご依頼の内容であった。大学での職務などの事情から、脱稿までにずいぶんと時間を要してしまった。その間、杉田さんには辛抱強くお待ちいただくと同時に、いつも絶妙なタイミングで進捗の確認を入れていただいた。また多くの貴重なアドバイスも頂戴した。あらためてお礼申し上げる次第である。

本書は、多くの点で、教育史・国語史をはじめとする先学の諸研究に依拠している。いちいちのお名前を挙げることはできないが、これらの学恩に感謝申し上げたい。またこれまで、勤務地である東北大学をはじめ、いくつかの大学でリテラシーの歴史に関する講義をおこなわせていただいたが、その際になされた学生との交流は、本書を構想するうえでも貴重な機会となった。とりわけ、近世における読み書き能力形成と正統的周辺参加との関係については、当時京都大学の学生であった渕上皓一朗さん(現在岩波書店)との会話に示唆を得るところがあった。記して謝意を表したい。

リチャード・ルビンジャー先生には、インディアナ大学における滞在研究員として小生を受け入れていただき、リテラシーに関する在外研究の機会を与えていただいた。あらためて感謝申し上げたい。

最後に、私の拙い教育史研究の歩みを最初に導いていただいた、いまは亡き石島庸男先生に深く感謝申し上げる。

二〇二三年五月

八鍬友広

岩波新書/最新刊から

1969 **会社法入門 第三版** 神田秀樹著

令和元年改正を織り込むほか、DXやサステナビリティなどの国際的な潮流に対応して進化を続ける会社法の将来も展望する。

1970 **動物がくれる力** 教育、福祉、そして人生 大塚敦子著

犬への読み聞かせは子供を読書へ誘い、若者は保護犬をケアし生き直す。高齢者は犬や猫と豊かな日々を過ごす。人と動物の絆とは。

1971 **優しいコミュニケーション** —「思いやり」の言語学— 村田和代著

日常の雑談やビジネス会議、リスクコミュニケーションなどを具体的に分析し、「人に優しい話し方・聞き方」を考える。

1972 **まちがえる脳** 櫻井芳雄著

人がまちがえるのは脳がいいかげんなせい。だからこそ新たなアイデアを創造する。脳の真の姿を最新の研究成果から知ろう。

1973 **敵対的買収とアクティビスト** 太田洋著

多くの日本企業がアクティビスト(物言う株主)による買収の脅威にさらされるなか、彼らと対峙してきた弁護士が対応策を解説。

1974 **持続可能な発展の話** —「みんなのもの」の経済学— 宮永健太郎著

サヨナラ、持続〈不〉可能な発展——。「みんなのもの」という視点から、SDGsの次の時代における人類と日本の未来を読み解く。

1975 **皮革とブランド** 変化するファッション倫理 西村祐子著

ファッションの必需品となった革製品は、自然破壊、動物愛護、大量廃棄といった倫理的な問題とどう向き合ってきたのか。

1976 **カラー版 名画を見る眼 I** —油彩画誕生からマネまで— 高階秀爾著

西洋美術史入門の大定番。レオナルド、フェルメール、ゴヤなど、絵画を楽しむための基礎を示し、読むたびに新しい発見をもたらす。

(2023. 6)

岩波新書より

日本史

教育

岩波新書より

哲学・思想

死者と霊性　末木文美士編
道教思想10講　神塚淑子
マックス・ヴェーバー　今野元
新実存主義　マルクス・ガブリエル　廣瀬覚訳
日本思想史　末木文美士
ミシェル・フーコー　慎改康之
ヴァルター・ベンヤミン　柿木伸之
モンテーニュ　人生を旅するための7章　宮下志朗
マキァヴェッリ　鹿子生浩輝
世界史の実験　柄谷行人
ルイ・アルチュセール　市田良彦
異端の時代　森本あんり
ジョン・ロック　加藤節
インド哲学10講　赤松明彦
マルクス 資本論の哲学　熊野純彦
日本文化をよむ　5つのキーワード　藤田正勝

中国近代の思想文化史　坂元ひろ子
憲法の無意識　柄谷行人
ホッブズ　リヴァイアサンの哲学者　田中浩
プラトンとの哲学　対話篇をよむ　納富信留
〈運ぶヒト〉の人類学　川田順造
哲学の使い方　鷲田清一
ヘーゲルとその時代　権左武志
人類哲学序説　梅原猛
加藤周一　海老坂武
哲学のヒント　藤田正勝
空海と日本思想◆　篠原資明
論語入門　井波律子
トクヴィル　現代へのまなざし　富永茂樹
和辻哲郎　熊野純彦
現代思想の断層　徳永恂
宮本武蔵　魚住孝至
西田幾多郎　藤田正勝
丸山眞男　苅部直

西洋哲学史　近代から現代へ　熊野純彦
西洋哲学史　古代から中世へ　熊野純彦
世界共和国へ　柄谷行人
悪について　中島義道
神、この人間的なもの◆　なだいなだ
偶然性と運命　木田元
近代の労働観　今村仁司
プラトンの哲学　藤沢令夫
術語集Ⅱ　中村雄二郎
マックス・ヴェーバー入門　山之内靖
ハイデガーの思想　木田元
臨床の知とは何か　中村雄二郎
新哲学入門　廣松渉
「文明論之概略」を読む　上・中・下　丸山真男
術語集　中村雄二郎
死の思索　松浪信三郎
戦後思想を考える◆　日高六郎
イスラーム哲学の原像　井筒俊彦

岩波新書より

環境・地球

グリーン・ニューディール　明日香壽川
水の未来　沖大幹
異常気象と地球温暖化　鬼頭昭雄
エネルギーを選びなおす　小澤祥司
欧州のエネルギーシフト　脇阪紀行
グリーン経済最前線　井田徹治・末吉竹二郎
低炭素社会のデザイン　西岡秀三
環境アセスメントとは何か　原科幸彦
生物多様性とは何か　井田徹治
キリマンジャロの雪が消えていく　石弘之
イワシと気候変動　川崎健
森林と人間　石城謙吉
世界森林報告　山田勇
地球の水が危ない　高橋裕
地球環境報告 II　石弘之
地球温暖化を防ぐ　佐和隆光
地球環境問題とは何か　米本昌平
地球環境報告　石弘之
ゴリラとピグミーの森　伊谷純一郎
国土の変貌と水害　高橋裕
水俣病　原田正純

情報・メディア

実践 自分で調べる技術　宮内泰介
生きるための図書館　竹内さとる
流言のメディア史　佐藤卓己
メディア不信 何が問われているのか　林香里
グローバル・ジャーナリズム　澤康臣
キャスターという仕事　国谷裕子
読んじゃいなよ!　高橋源一郎編
読書と日本人　津野海太郎
スポーツアナウンサー 実況の真髄　山本浩
戦争と検閲 石川達三を読み直す　河原理子
NHK〔新版〕　松田浩
震災と情報　徳田雄洋
メディアと日本人　橋元良明
デジタル社会はなぜ生きにくいか　徳田雄洋
ジャーナリズムの可能性　原寿雄
ITリスクの考え方　佐々木良一
ウェブ社会をどう生きるか　西垣通
報道被害　梓澤和幸
メディア社会　佐藤卓己
現代の戦争報道　門奈直樹
未来をつくる図書館　菅谷明子
新聞は生き残れるか　◆中馬清福
インターネット術語集 II　矢野直明
メディア・リテラシー　菅谷明子
職業としての編集者　吉野源三郎
岩波新書解説総目録 1938-2019　岩波新書編集部編

(2021.10)　◆は品切，電子書籍版あり．　(GH)

岩波新書より

3・11 複合被災◆　外岡秀俊
子どもの声を社会へ　桜井智恵子
就職とは何か　森岡孝二
日本のデザイン　原研哉
ポジティヴ・アクション　辻村みよ子
脱原子力社会へ　長谷川公一
希望は絶望のど真ん中に　むのたけじ
福島 原発と人びと　広河隆一
アスベスト 広がる被害　大島秀利
原発を終わらせる　石橋克彦編
日本の食糧が危ない　中村靖彦
勲章 知られざる素顔　栗原俊雄
希望のつくり方　玄田有史
生き方の不平等◆　白波瀬佐和子
同性愛と異性愛　風間孝・河口和也
贅沢の条件　山田登世子
新しい労働社会　濱口桂一郎
世代間連帯　上野千鶴子・辻元清美
道路をどうするか　五十嵐敬喜・小川明雄

子どもの貧困　阿部彩
子どもへの性的虐待　森田ゆり
戦争絶滅へ、人間復活へ　むのたけじ・黒岩比佐子 聞き手
テレワーク「未来型労働」の現実　佐藤彰男
反貧困　湯浅誠
不可能性の時代　大澤真幸
地域の力　大江正章
少子社会日本　山田昌弘
親米と反米　吉見俊哉
「悩み」の正体　香山リカ
変えてゆく勇気◆　上川あや
戦争で死ぬ、ということ　島本慈子
ルポ 改憲潮流　斎藤貴男
社会学入門　見田宗介
冠婚葬祭のひみつ　斎藤美奈子
少年事件に取り組む　藤原正範
悪役レスラーは笑う◆　森達也
いまどきの「常識」　香山リカ
働きすぎの時代◆　森岡孝二

桜が創った「日本」　佐藤俊樹
生きる意味　上田紀行
ルポ 戦争協力拒否　吉田敏浩
社会起業家◆　斎藤槙
ウォーター・ビジネス　中村靖彦
逆システム学◆　金子勝・児玉龍彦
男女共同参画の時代　鹿嶋敬
当事者主権　中西正司・上野千鶴子
豊かさの条件　暉峻淑子
クジラと日本人　大隅清治
人生案内　落合恵子
若者の法則　香山リカ
自白の心理学　浜田寿美男
原発事故はなぜくりかえすのか　高木仁三郎
日本の近代化遺産　伊東孝
証言 水俣病　栗原彬編
日の丸・君が代の戦後史◆　田中伸尚
コンクリートが危ない　小林一輔

岩波新書より

岩波新書新赤版一〇〇〇点に際して

ひとつの時代が終わったと言われて久しい。だが、その先にいかなる時代を展望するのか、私たちはその輪郭すら描きえていない。二〇世紀から持ち越した課題の多くは、未だ解決の緒を見つけることのできないままであり、二一世紀が新たに招きよせた問題も少なくない。グローバル資本主義の浸透、憎悪の連鎖、暴力の応酬——世界は混沌として深い不安の只中にある。

現代社会においては変化が常態となり、速さと新しさに絶対的な価値が与えられた。消費社会の深化と情報技術の革命は、種々の境界を無くし、人々の生活やコミュニケーションの様式を根底から変容させてきた。ライフスタイルは多様化し、一面では個人の生き方をそれぞれが選びとる時代が始まっている。同時に、新たな格差が生まれ、様々な次元での亀裂や分断が深まっている。社会や歴史に対する意識が揺らぎ、普遍的な理念に対する根本的な懐疑や、現実を変えることへの無力感がひそかに根を張りつつある。そして生きることに誰もが困難を覚える時代が到来している。

しかし、日常生活のそれぞれの場で、自由と民主主義を獲得し実践することを通じて、私たち自身がそうした閉塞を乗り超え、希望の時代の幕開けを告げてゆくことは不可能ではあるまい。そのために、いま求められていること——それは、個と個の間で開かれた対話を積み重ねながら、人間らしく生きることの条件について一人ひとりが粘り強く思考することではないか。その営みの糧となるものが、教養に外ならないと私たちは考える。歴史とは何か、よく生きるとはいかなることか、世界そして人間はどこへ向かうべきなのか——こうした根源的な問いとの格闘が、文化と知の厚みを作り出し、個人と社会を支える基盤としての教養となった。まさにそのような教養への道案内こそ、岩波新書が創刊以来、追求してきたことである。

岩波新書は、日中戦争下の一九三八年一一月に赤版として創刊された。創刊の辞は、道義の精神に則らない日本の行動を憂慮し、批判的精神と良心的行動の欠如を戒めつつ、現代人の現代的教養を刊行の目的とする、と謳っている。以後、青版、黄版、新赤版と装いを改めながら、合計二五〇〇点余りを世に問うてきた。そして、いままた新赤版が一〇〇〇点を迎えたのを機に、人間の理性と良心への信頼を再確認し、それに裏打ちされた文化を培っていく決意を込めて、新しい装丁のもとに再出発したいと思う。一冊一冊から吹き出す新風が一人でも多くの読者の許に届くこと、そして希望ある時代への想像力を豊かにかき立てることを切に願う。

（二〇〇六年四月）

八鍬友広

1960年，山形県生まれ．1989年，東北大学大学院教育学研究科単位取得満期退学．博士(教育学)．新潟大学助手などを経て，
現在－東北大学大学院教育学研究科教授
専攻－日本教育史
著書－『闘いを記憶する百姓たち――江戸時代の裁判学習帳』(吉川弘文館)
『識字と学びの社会史――日本におけるリテラシーの諸相』(共編，思文閣出版)
『識字と読書――リテラシーの比較社会史』(共編，昭和堂)
「往来物のテクスト学」(辻本雅史編『知の伝達メディアの歴史研究――教育史像の再構築』思文閣出版)
『近世民衆の教育と政治参加』(校倉書房)

読み書きの日本史　　岩波新書(新赤版)1978

2023年6月20日　第1刷発行

著　者　八鍬友広(やくわともひろ)

発行者　坂本政謙

発行所　株式会社 岩波書店
〒101-8002 東京都千代田区一ツ橋2-5-5
案内 03-5210-4000　営業部 03-5210-4111
https://www.iwanami.co.jp/

新書編集部 03-5210-4054
https://www.iwanami.co.jp/sin/

印刷製本・法令印刷　カバー・半七印刷

ISBN 978-4-00-431978-8　　Printed in Japan

主要参考文献

（本文中での参照順）

はじめに

ノーム・チョムスキー『チョムスキー 言語の科学——ことば・心・人間本性』成田広樹訳，岩波書店，2016年

三井誠『人類進化の700万年——書き換えられる「ヒトの起源」』講談社現代新書，2005年

アンドルー・ロビンソン『図説 文字の起源と歴史——ヒエログリフ・アルファベット・漢字』片山陽子訳，創元社，2006年

第1章　日本における書き言葉の成立

長田俊樹「日本語系統論はなぜはやらなくなったのか——日本語系統論の現在・過去・未来」アレキサンダー・ボビン，長田俊樹共編『日本語系統論の現在——国際日本文化研究センター共同研究報告』国際日本文化研究センター，2003年

Robbeets, M. et al., “Triangulation supports agricultural spread of the Transeurasian languages”, *Nature*, 599, 2021, pp. 616-621.

スティーヴン・ロジャー・フィッシャー『文字の歴史——ヒエログリフから未来の「世界文字」まで』鈴木晶訳，研究社，2005年

金文京『漢文と東アジア——訓読の文化圏』岩波新書，2010年

亀井孝・河野六郎・千野栄一編著『言語学大辞典 第2巻 世界言語編（中）』三省堂，1989年

亀井孝・河野六郎・千野栄一編著『言語学大辞典 第6巻 術語編』三省堂，1996年

沖森卓也「漢文の受容と訓読」平川南・沖森卓也・栄原永遠男・山中章編『文字と古代日本5 文字表現の獲得』吉川弘文館，2006年

沖森卓也『日本語の誕生——古代の文字と表記』吉川弘文館，2003年

沖森卓也『日本語全史』ちくま新書，2017年

小林芳規『角筆のひらく文化史——見えない文字を読み解く』岩波書店，2014年

矢田勉『国語文字・表記史の研究』汲古書院，2012 年
山口仲美『日本語の歴史』岩波新書，2006 年
春名宏昭「宣命体」前掲『文字と古代日本 5 文字表現の獲得』
伊坂淳一「書記法の発達(2)」林史典編『朝倉日本語講座 2 文字・書記』朝倉書店，2005 年
小松英雄『日本語書記史原論』(補訂版・新装版)笠間書院，2006 年
石川謙・石川松太郎編『日本教科書大系 往来編 第 6 巻 社会』講談社，1973 年
青木美智男「近世の地方文書と近世史研究」青木美智男・佐藤誠朗編『講座日本近世史 10 近世史への招待』有斐閣，1992 年
『長野県史 通史編 第 4 巻 近世 1』長野県史刊行会，1987 年

第 2 章　読み書きのための学び

矢田勉『国語文字・表記史の研究』前掲
渡辺晃宏『平城京と木簡の世紀』講談社学術文庫，2009 年
佐藤信『日本古代の宮都と木簡』吉川弘文館，1997 年
渡邊晃宏「日本古代の習書木簡と下級官人の漢字教育」高田時雄編『漢字文化三千年』臨川書店，2009 年
新井重行「習書・落書の世界」前掲『文字と古代日本 5 文字表現の獲得』
鈴木理恵「「一文不通」の平安貴族」大戸安弘・八鍬友広編『識字と学びの社会史――日本におけるリテラシーの諸相』思文閣出版，2014 年
吉沢義則『国語国文の研究』岩波書店，1927 年
丸山裕美子「月儀と書儀――書の文化と手紙の文学」『第 13 回若手研究者支援プログラム「漢字文化の受容――手紙を学ぶ，手紙に学ぶ」報告集』奈良女子大学古代学学術研究センター，2018 年
川口久雄『三訂 平安朝日本漢文学史の研究 下――王朝漢文学の斜陽』明治書院，1988 年
祁小春「唐代書儀と王羲之尺牘との関係について」『関西大学東西学術研究所紀要』第 50 輯，2017 年
張文昌・土口史記・遠藤隆俊「中国中古における書儀の発展と『温公書儀』――『朱子家礼』の前奏」『高知大学学術研究報告』第 58 巻，

2009年
丸山裕美子「書儀の受容について――正倉院文書にみる「書儀の世界」」正倉院文書研究会編『正倉院文書研究4』吉川弘文館，1996年
那波利貞『唐代社会文化史研究』創文社，1974年
丸山裕美子「敦煌写本「月儀」「朋友書儀」と日本伝来『杜家立成雑書要略』――東アジアの月儀・書儀」土肥義和編『敦煌・吐魯番出土漢文文書の新研究』東洋文庫，2009年
山田英雄『日本古代史攷』岩波書店，1987年
前川和也「初期メソポタミアの手紙と行政命令文」前川和也編著『コミュニケーションの社会史』ミネルヴァ書房，2001年
Sylvia Scribner and Michael Cole, *The Psychology of Literacy*, Harvard University Press, 1981.
服部嘉香「『明衡往来』の撰者・書名・内容・文体について」梅光女学院短期大学国語国文学会『国文学研究』第5号，1969年
石川謙『古往来についての研究――上世・中世における初等教科書の発達』大日本雄弁会講談社，1949年
青木孝「「消息」と「往来」との語義の区別について」『青山学院女子短期大学紀要』第35巻，1981年
マルクス・リュッターマン「「往来物」とは何か――その概念形成についての一考察」鈴木貞美・劉建輝編『国際シンポジウム(報告書)第44集 東アジアにおける知的交流――キイ・コンセプトの再検討』国際日本文化研究センター，2013年
小泉吉永編著『往来物解題辞典 解題編』大空社，2001年
石川謙編『日本教科書大系 往来編 第1巻 古往来(一)』講談社，1968年
三好信浩『商売往来の世界――日本型「商人」の原像をさぐる』日本放送出版協会，1987年
乙竹岩造『日本庶民教育史 中巻』目黒書店，1929年

第3章　往来物の隆盛と終焉

石川松太郎編著『往来物分類目録並に解題 第1集 古往来(一)』非売品，1986年

天野晴子『女子消息型往来に関する研究――江戸時代における女子教育史の一環として』風間書房，1998 年
石川松太郎編『日本教科書大系 往来編 第 8 巻 消息』講談社，1972 年
石川謙編『日本教科書大系 往来編 第 9 巻 地理(一)』講談社，1967 年
宮城県教育会編『宮城県郷土読本』社会教育協会，1938 年
河北新報社宮城県百科事典編集本部編『宮城県百科事典』河北新報社，1982 年
高倉淳『仙台藩道中物語』今野印刷，1997 年
宮本義己「“直江状”の信憑性」『歴史読本』43(8)，新人物往来社，1998 年
笠谷和比古『関ヶ原合戦――家康の戦略と幕藩体制』講談社選書メチエ，1994 年
笠谷和比古『関ヶ原合戦と大坂の陣』吉川弘文館，2007 年
八鍬友広『近世民衆の教育と政治参加』校倉書房，2001 年
八鍬友広『闘いを記憶する百姓たち――江戸時代の裁判学習帳』吉川弘文館，2017 年
渡辺為夫『寛永白岩一揆』非売品，1986 年
寒河江市史編纂委員会編『寒河江市史編纂叢書 第 29 集』寒河江市教育委員会，1983 年
八鍬友広「近世日本における訴状を教材とする読み書き学習――『玉野目安状』を事例として」松園潤一朗編『法の手引書／マニュアルの法文化』国際書院，2022 年
渡辺晃宏「解説」鬼頭清明『木簡の社会史――天平人の日常生活』講談社学術文庫，2004 年
佐藤進一『古文書学入門』法政大学出版局，1971 年
八鍬友広「往来物と書式文例集」若尾政希編『書籍文化とその基底』平凡社，2015 年

第 4 章　寺子屋と読み書き能力の広がり

入江宏「「寺子屋」と「手習塾」」日本教育史研究会『日本教育史往来』第 103 号，1996 年

黒田日出男「戦国・織豊期の技術と経済発展」歴史学研究会・日本史研究会編『講座日本歴史4 中世2』東京大学出版会，1985年
大戸安弘・八鍬友広編『識字と学びの社会史――日本におけるリテラシーの諸相』思文閣出版，2014年
デイヴィド・ヴィンセント『マス・リテラシーの時代――近代ヨーロッパにおける読み書きの普及と教育』北本正章監訳，新曜社，2011年
リチャード・ルビンジャー『日本人のリテラシー――1600-1900年』川村肇訳，柏書房，2008年
木村政伸『近世地域教育史の研究』思文閣出版，2006年
八鍬友広「越前・若狭地域における近世初期の識字状況」前掲『識字と学びの社会史――日本におけるリテラシーの諸相』
大戸安弘『日本中世教育史の研究――遊歴傾向の展開』梓出版社，1998年
浅香年木「中世における地方寺院と村堂 上」『北陸史学』第21号，1972年
久木幸男「研究ノート・中世民衆教育施設としての村堂について」『日本教育史研究』第6号，1987年
福井県立図書館・郷土誌懇談会編『拾椎雑話・稚狭考』福井県郷土誌懇談会，1974年
川﨑喜久男『筆子塚研究』多賀出版，1992年
八鍬友広「近世越後の民衆と文字学び」青木美智男・阿部恒久編『幕末維新と民衆社会』高志書院，1998年
『新潟県史 通史編3 近世1』新潟県，1987年
柴田純「近世中後期近江国在村一寺子屋の動向」朝尾直弘教授退官記念会編『日本社会の史的構造 近世・近代』思文閣出版，1995年
柴田純『考える江戸の人々――自立する生き方をさぐる』吉川弘文館，2018年
青木美智男「幕末期民衆の教育要求と識字能力」青木美智男・河内八郎編『講座日本近世史7 開国』有斐閣，1985年
梅村佳代『近世民衆の手習いと往来物』梓出版社，2002年
福田武雄編著『農民生活変遷中心の滝沢村誌』滝沢村，1974年
宮本常一『家郷の訓』(初版1943年)岩波文庫，1984年

工藤航平『近世蔵書文化論——地域〈知〉の形成と社会』勉誠出版，2017年
川村肇「明治初年の識字状況——和歌山県の事例を中心として」前掲『識字と学びの社会史——日本におけるリテラシーの諸相』
入江宏『近世庶民家訓の研究——「家」の経営と教育』多賀出版，1996年
ジーン・レイヴ，エティエンヌ・ウェンガー『状況に埋め込まれた学習——正統的周辺参加』佐伯胖訳，産業図書，1993年
梅村佳代『日本近世民衆教育史研究』梓出版社，1991年
辻本雅史『江戸の学びと思想家たち』岩波新書，2021年
杉仁『近世の地域と在村文化——技術と商品と風雅の交流』吉川弘文館，2001年
児島清文・伏脇紀夫編『越中資料集成7 応響雑記（上）』桂書房，1988年
児島清文・伏脇紀夫編『越中資料集成8 応響雑記（下）』桂書房，1990年
小林文雄「近世後期における「蔵書の家」の社会的機能について」東北史学会『歴史』第76輯，1991年
鈴木俊幸『江戸の読書熱——自学する読者と書籍流通』平凡社，2007年
横田冬彦「コメント 元禄・享保期における読者の広がりについて」『日本史研究』第439号，1999年
横田冬彦「益軒本の読者」横山俊夫編『貝原益軒——天地和楽の文明学』平凡社，1995年
大黒俊二「文字のかなたに声を聴く——声からの／声に向けての史料論」『歴史学研究』第924号，2014年
大黒俊二「俗人が俗語で書く——限界リテラシーのルネサンス」『こころ』第5号，2012年

第5章　近代学校と読み書き

リチャード・ルビンジャー『日本人のリテラシー——1600-1900年』前掲
八鍬友広「明治期滋賀県における自署率調査」『東北大学大学院教育

学研究科研究年報』第64集第2号，2016年
八鍬友広「滋賀県伊香郡における1898年の識字率」『新潟大学教育学部紀要 人文・社会科学編』第34巻第1号，1992年
川村肇「明治初年の識字状況——和歌山県の事例を中心として」前掲『識字と学びの社会史——日本におけるリテラシーの諸相』
鈴木理恵「明治中期の識字状況——熊本県を中心に」広島大学大学院人間社会科学研究科教育学教室『教育科学』第33号，2022年
小林恵胤「明治14年の識字調——当時の北安曇郡常盤村の場合」『長野県近代史研究』第5号，1973年
石川県教育史編さん委員会編『石川県教育史 第1巻』石川県教育委員会，1974年
慶應義塾編『福沢諭吉全集 第3巻』岩波書店，1959年
荒井明夫編『近代日本黎明期における「就学告諭」の研究』東信堂，2008年
川村肇・荒井明夫編『就学告諭と近代教育の形成——勧奨の論理と学校創設』東京大学出版会，2016年
杉本達夫訳『荀子(改訂版)』徳間文庫，2016年(電子版)
阿部隆一「室町以前邦人撰述論語孟子注釈書(上)」『斯道文庫論集』第2号，1963年
辻本雅史『思想と教育のメディア史——近世日本の知の伝達』ぺりかん社，2011年
西田耕三『人は万物の霊——日本近世文学の条件』森話社，2007年
三谷博『維新史再考——公議・王政から集権・脱身分化へ』NHK出版，2017年
倉沢剛『学制の研究』講談社，1973年
水原克敏『近代日本カリキュラム政策史研究』風間書房，1997年
倉沢剛『小学校の歴史Ⅰ——学制期小学校政策の発足過程』ジャパンライブラリービューロー，1963年
生江義男ほか編『教科教育百年史 本編』建帛社，1985年
甲斐雄一郎『国語科の成立』東洋館出版社，2008年
甲斐雄一郎「明治後期の読み方教授における内容主義の要因——国語科教材単元論の成立との関わりから」『文教大学教育学部紀要』第20集，1986年

小笠原拓『近代日本における「国語科」の成立過程――「国語科」という枠組みの発見とその意義』学文社，2004年
鈴木貴史『近代日本書字教育史研究――初等教育における二元的書字教育論の形成過程』風間書房，2021年
山本正秀『近代文体発生の史的研究』岩波書店，1965年
貝美代子「国定教科書の言文一致」飛田良文編『国語論究 第11集 言文一致運動』明治書院，2004年
海後宗臣編『日本教科書大系 近代編 第5巻 国語(二)』講談社，1964年
海後宗臣編『日本教科書大系 近代編 第8巻 国語(五)』講談社，1964年
佐藤秀夫『ノートや鉛筆が学校を変えた――学校の文化史』平凡社，1988年
前田愛『近代読者の成立』(初版1973年)岩波現代文庫，2001年
永嶺重敏『〈読書国民〉の誕生――明治30年代の活字メディアと読書文化』日本エディタースクール出版部，2004年
永嶺重敏『雑誌と読者の近代』日本エディタースクール出版部，1997年
長友千代治『近世貸本屋の研究』東京堂出版，1982年
長友千代治『江戸時代の書物と読書』東京堂出版，2001年
ポール・サンガー「中世後期の読書」ロジェ・シャルティエ，グリエルモ・カヴァッロ編『読むことの歴史――ヨーロッパ読書史』田村毅ほか訳，大修館書店，2000年
横田冬彦「近世民衆社会における知的読書の成立」『江戸の思想』第5号，ぺりかん社，1996年
エーリッヒ・フロム『自由からの逃走』日高六郎訳，創元社，1951年

おわりに

無着成恭編『山びこ学校』(初版1951年)岩波文庫，1995年
大江健三郎『新しい文学のために』岩波新書，1988年
佐竹直子『獄中メモは問う――作文教育が罪にされた時代』北海道新聞社，2014年

佐藤秀夫『ノートや鉛筆が学校を変えた――学校の文化史』前掲
添田晴雄『文字と音声の比較教育文化史研究』東信堂，2019年

図版出典一覧

図 1-1，図 3-4……国立国会図書館デジタルコレクション
図 1-2……福島県歴史資料館所蔵(小針弥太郎家文書 267)
図 2-1……秋田市立秋田城跡歴史資料館所蔵
図 2-2，図 5-8……東京書籍株式会社附設教科書図書館 東書文庫所蔵(国書データベース)
図 2 3……フランス国立図書館所蔵(Gallica)
図 2-4……東北歴史博物館所蔵
図 2-5……Sylvia Scribner and Michael Cole, *The Psychology of Literacy*, p. 33.
図 2-6，図 3-3……小泉吉永氏所蔵(国書データベース)
図 3-1……仙台市民図書館所蔵(国書データベース)
図 3-2……東北大学所蔵．写真提供：小泉吉永氏
図 4-1……田原市博物館所蔵
図 4-2……公益財団法人北観音山保存会所蔵．京都市歴史資料館寄託
図 4-3……川﨑喜久男『筆子塚研究』iv 頁
図 4-4，図 5-1，図 5-2，図 5-3，図 5-4，図 5-5，図 5-6，図 5-7……筆者作成．作図協力：前田茂実